VITA BERNWARDI

DAS LEBEN DES BISCHOFS BERNWARD VON HILDESHEIM

Bernward

Gedenktafel Bernwards

„Kommt, meine Mitbürger; betet zu Gott und gedenkt eures Bischofs Bernward".

Vorwort

Der Text dieser Gedenktafel gilt als Wahlspruch Bernwards, den er häufig im Munde führte. Nach mittelalterlicher Vorstellung hat sich Bernward für sein Seelenheil gewünscht, daß man seiner im fürbittenden Gebet gedenkt. Auch als Aufforderung, die Erinnerung an sein irdisches Schaffen wachzuhalten, haben die Worte der Tafel ihre Berechtigung. Hat schon die Beschäftigung mit der Welt des Mittelalters im allgemeinen in den letzten Jahren an Aktualität gewonnen, so verdient Bernward besondere Beachtung. Die nach Anzahl und Beschaffenheit bedeutende Reihe sakraler Kunstwerke, an deren Entstehung Bernward maßgeblich beteiligt war, läßt bei interessierten Betrachtern Fragen aufkommen wie: Wer war dieser Mann? Welche Möglichkeiten gibt es, eine Vorstellung von ihm zu gewinnen? Diesen Fragen nachzugehen und damit der Aufforderung der Gedenktafel zu folgen, liegt gerade in einer Zeit nahe, in der sich Bernwards Bischofsweihe zum tausendsten Mal und seine Heiligsprechung zum achthundertsten Mal jähren.
Den ergiebigsten Zugang zu Bernward bietet die Vita Bernwardi, als deren Verfasser sich sein Lehrer Thangmar ausgibt. Sie ist das umfangreichste Dokument über das Leben des Bischofs und entwirft ein recht plastisches Bild von ihm. Zum Teil nüchtern, zum Teil enthusiastisch wird Bern-

wards Leben mal in kleinen, lebhaften Szenen, mal durch kommentierende Passagen anschaulich geschildert. Es geht um Seeräuber und Burgen, Rechtsstreitigkeiten und kriegerische Auseinandersetzungen unter Bischöfen. Ausgedehnte Reisen sowie seine theologischen und künstlerischen Interessen verbinden Bernward mit dem ganzen Europa seiner Zeit. Die Menschen, von denen die Rede ist, gehören zum kaiserlichen, päpstlichen oder bischöflichen Hof oder zum einfachen Volk.
Der Quellenwert der Vita Bernwardi ist nicht unumstritten. Sie gilt in der von G. H. Pertz 1841 besorgten Fassung als Ergebnis des späten 12. Jahrhunderts, gehört also in die Zeit der Heiligsprechung Bernwards.
In der Tat sind typische und typisierende Züge, wie sie der Beschreibung von Heiligenleben eigen sind, nicht zu übersehen. Es besteht aber weitgehend Einigkeit darin, daß in die Vita viel älteres Quellenmaterial eingegangen ist. Eine knappe, jedoch sehr aufschlußreiche Einführung in das Leben und Wirken Bernwards mit Angaben über den Quellenwert der Vita Bernwardi und Hinweisen auf weiterführende Literatur bietet H. J. Schuffels: Bischof Bernward von Hildesheim (in: Das Kostbare Evangeliar des Heiligen Bernward, herausgegeben von M. Brandt, München 1993).

Anliegen dieser Neuübersetzung ist es, dem interessierten Leser den Zugang zu Bernward und seiner Gedankenwelt zu erleichtern und ihn zum Weiterlesen zu ermuntern. Dem dient das Bemühen um eine zeitgemäße Sprache. Auch auf den Erzählfluß wird großer Wert gelegt. So wurden die umfangreichen Satzkonstruktionen des Lateinischen aufgelöst und die bilderreiche Sprache des Originals dort aufgegeben, wo es kein entsprechendes Bild im Deutschen gibt und eine wörtliche Übersetzung Befremden auslösen würde. Bei abstrakten lateinischen Begriffen wurde, soweit möglich und vertretbar, eine konkretisierende oder

umschreibende Wendung bevorzugt. In der Wiedergabe reflektierender Abschnitte tritt das interpretierende Übersetzen bei einem Vergleich mit dem lateinischen Original deutlicher hervor.
Mit ihrer Neuübersetzung kommen die Autoren der Aufforderung der Gedenktafel auf eine besondere Weise nach: Sie halten die Erinnerung an Bischof Bernward durch seine Biographie wach.
Als Lehrer am Bischöflichen Gymnasium Josephinum (darunter fast die gesamte Fachgruppe Alte Sprachen) stehen sie aber möglicherweise bereits in einer Tradition, die Thangmar als Lehrer an der Domschule, dem Ursprung des Bischöflichen Gymnasiums Josephinum, begründet hat.

Ulrich Bongertmann
Dietrich Hosemann
Manfred Kleineidam
Georg Liebke
Ferdinand Lüttig
Rainer Nitschke
Monika Reiner
Michael Schönleber
Hermann Strüber
Eva Tiecke
Werner Wilde

Inhalt

Prolog des Priesters Thangmar zur Biographie des heiligen Bischofs und Bekenners Bernward		11
Biographie des heiligen Bischofs und Bekenners Bernward		13
1.	Bernward und sein Lehrer Thangmar	13
2./3.	Bernward als Diakon und Priester.	17
	Bernward am Kaiserhof	18
4.	Bernward wird Bischof	20
5.	Lebensweise und Tagesablauf des Bischofs	20
6.	Bernward als Förderer der Künste	23
7.	Die Abwehr von Feinden	24
8.	Der Grundbesitz des Bistums wird vermehrt.	27
	Hildesheim und der Dom werden prachtvoll ausgestattet	28
9.	Das Große Bernwardskreuz	29
10.	Die Heilig-Kreuz-Kapelle	31
11.	Der Streit mit Willigis, dem Erzbischof von Mainz, um das Kloster Gandersheim wird angekündigt	32
12.	Gründung und Geschichte des Klosters Gandersheim	33
13.	Der Beginn des Gandersheimer Streits	37
14.	Sophia, die Tochter Kaiser Ottos II., wird Bernwards Feindin	40

15.	Unfreundlicher Empfang für Bischof Bernward im Kloster Gandersheim	42
16.	Neue Kränkungen	43
17.	Eklat am Fest der Kreuzerhöhung	44
18.	Erzbischof Willigis erscheint zur Kirchweihe in Gandersheim	46
	Bernward verhindert die Kirchweihe	48
19.	Bernward reist zu Papst und Kaiser nach Rom	49
20.	Bischof Eggehard von Schleswig tritt für Bernwards Rechte ein	51
21.	Reaktionen aus Rom	53
22.	Die Synode zu Rom bestätigt Bernwards Rechte.	53
	Die Synode zu Pöhlde wird festgesetzt	56
23.	Kaiser Otto III. belagert mit Bernward als Ratgeber die Stadt Tivoli	57
24.	Aufstand der Römer – Bernward führt die Heilige Lanze	59
25.	Ottos Rede an die Römer, das Ende des Aufstands	61
26.	Die Reliquien des heiligen Timotheus	62
27.	Bernward kehrt nach Hildesheim zurück	63
28.	Streit und Tumult auf der Synode in Pöhlde	65
29./30.	Willigis verläßt die Synode, eine neue Synode wird angesetzt	67
31.	Überfall auf die Abtei Hilwartshausen	69
32.	Bernward wird feindselig in Gandersheim empfangen	69
33.	Zusammenkunft der Bischöfe in Frankfurt	70
34.	Thangmars Reise zum Papst	72
35.	Graf Tammo, Bernwards Bruder, besetzt Paterno	73
36.	Die Synode zu Todi	73
37.	Der Tod Kaiser Ottos III.	75
38.	Heinrich II. wird König	77

39.	Sophia wird Äbtissin des Klosters Gandersheim	78
40.	Heinrich II. besucht Hildesheim	79
41.	Bernwards Wallfahrt nach Paris und Tours	79
42.	Tod der Rothegardis, Äbtissin von Hilwartshausen und Tante Bernwards	81
43.	Der Friede zu Pöhlde	83
44.	Tod des Erzbischofs Willigis	85
45.	Erkenbald wird Erzbischof von Mainz	85
46.	Gründung des Michaelisklosters	87
47.	Einweihung der Krypta	87
48.	Aribo wird Erzbischof von Mainz	89
49.	Einweihung der Michaeliskirche	90
50.	Goderam wird der erste Abt des Klosters	91
51./52.	Bernwards Stiftungsurkunde für das Michaeliskloster, der Sinn seiner Stiftung	91
53.	Bernward wird Benediktinermönch	96
54.	Bernwards Tod	97
55.	Bernwards Grabstätte	99
56.	Lob der Vorzüge Bernwards	100
57.	Eine verlorene Grabinschrift	102

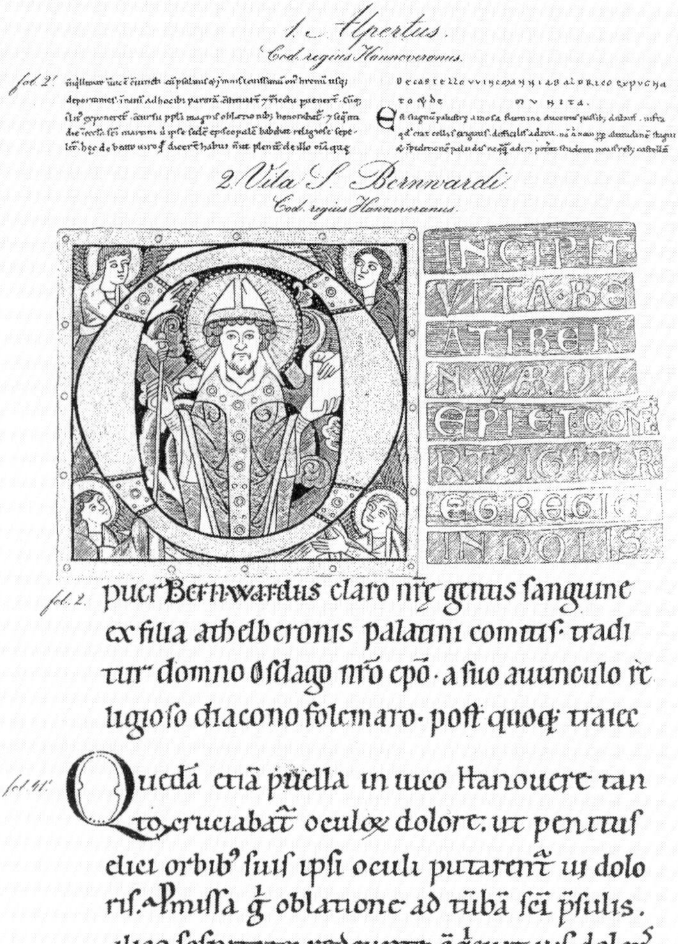
1. Alpertus.
Cod. regius Hannoveranus.
fol. 2.

2. Vita S. Bernwardi.
Cod. regius Hannoveranus.

INCIPIT VITA BEATI BERNWARDI EPI ET CONF RIS. IGITUR EGREGIE INDOLIS

fol. 2.
puer Bernwardus claro nr̄e gentis sanguine
ex filia athelberonis palatini comitis · tradi
tur domno Osdago nr̄o epō · a suo auunculo re
ligioso diacono folcmaro · post quoq; traiec

fol. 41.
Quedā etiā puella in uico Hanouere tan
to cruciabat̄ oculoꝝ dolore · ut penitus
elici orbib' suis ipsi oculi putarent̄ ui dolo
ris. Pmissa ġ oblatione ad tūbā sci̅ psulis ·
ilico sospitate redeunte cessit uis doloris.

Codex Hannoveranus, 1. Blatt

Prolog des Priesters Thangmar zur Biographie des heiligen Bischofs und Bekenners Bernward[1]

Gottes Fürsorge äußert sich in einer klugen und bewundernswerten Ordnung der Dinge. Diese kann die menschliche Vernunft weder klar erfassen, noch kann der Mensch sie so, wie sie es verdient, bewundern. Wie Wunder erfahren wir nämlich aus Gottes Güte tagtäglich Gutes und werden dadurch am Leben erhalten. Daher ist es offenbar eine schwere Schuld, zu schweigen und Gott nicht zu loben. Denn es steht doch ganz eindeutig geschrieben: „Es ist gut, das Geheimnis eines Königs zu wahren, die Taten Gottes aber soll man offen rühmen.“[2]

Also habe ich, Thangmar – ein Sünder und, ohne dessen wert zu sein, Priester, ferner der unbedeutendste Bibliothekar und Notar unserer heiligen Kirche –, ich habe mich durch diese Worte des Engels überzeugen und zu folgendem bewegen lassen: Ich bin darangegangen, die großartigen Taten eines denkwürdigen Mannes, nämlich des Herrn Bernward, unseres Bischofs, zu beschreiben. Nicht aus Eitelkeit und Überheblichkeit ließ ich mich dazu veranlassen, wofür Gott mein Zeuge ist; vielmehr geschah es, weil ich voraussetzte, daß durch Gottes Güte die Taten unseres Bischofs etwas ausstrahlten, was Nachahmung verdient. Deshalb wollte ich die Gnade der ihm verliehenen Zuwen-

---

[1] Prolog und Kapitel 1 mit 11 stehen nicht im Dresdner Kodex.
[2] Tobias 12,7.

dung zu Gott, die Quelle der nachahmenswerten Taten, der Nachwelt verkünden. Diese wollte ich ferner durch ein solches Beispiel dazu anspornen, Fortschritte auf dem Weg zur eigenen Vollkommenheit zu machen.

Dabei war mir bewußt, daß dies Unternehmen ohne sein Wissen unbedacht ist; und ich habe auch lange gezögert, dies offen mit ihm zu bereden. Deshalb wagte ich es schließlich erst, als sich eine günstige Gelegenheit bot, mich an ihn zu wenden. Zuerst widersetzte er sich mir ja sehr entschieden; denn in allen Dingen mied er Prahlerei und den Beifall des Volkes wie tödliches Gift. Ziemlich oft mußte ich vorbringen, es sei eine schwere Verfehlung, gute Werke zu verheimlichen. Die Folge sei, daß andere trotz eines so guten Beispiels keine Fortschritte machten; der Herr dagegen sage: „So soll euer Licht vor den Menschen leuchten"[3] usw. Da gab er endlich nach und überließ es meinem Gutdünken, was ich zusammenstellen wollte. Denn von Kindheit an, bis er ein Mann war, hielt er sich in meiner Nähe auf, hing in Zuneigung an mir wie ein Sohn an seinem Vater und legte seinen Lebensweg mit mir zusammen zurück. Und so konnte er nichts, womit er sich in seinem Leben beschäftigte, meiner Kenntnis vorenthalten, so daß ich immer vollständig informiert war.

---

[3] Matthäus 5,16.

Biographie des heiligen Bischofs und Bekenners Bernward

1. Bernward und sein Lehrer Thangmar

Seiner Herkunft nach gehört nun Bernward[4] zu einer adligen Familie unseres Stammes. Seine Mutter ist die Tochter des Pfalzgrafen Adelbero[5]. Der außerordentlich begabte Junge wird von seinem Onkel Folkmar, dem frommen Diakon, der später auch Bischof von Utrecht[6] war, Osdag[7], unserem Bischof, übergeben. Die verantwortungsbewußte Aufmerksamkeit der beiden führt dazu, daß er mir, bedeutungslos, wie ich bin, zugewiesen wird.

Ich leitete die Jungenschule und sollte ihn mit Schrift und Literatur vertraut machen sowie ihn auch in seinem Verhalten formen. Ich nahm ihn auf und widmete mich ihm mit so viel Hingabe, wie mir das eben möglich war. Ich hielt es für richtig, sein geistiges Fassungsvermögen fürs erste mit der Heiligen Schrift zu erproben, die man wie ein bekömmliches Getränk leichter aufnimmt und verarbeitet. Nun fand ich aber schon bald heraus, daß er wie der heilige Daniel den Gleichaltrigen in seiner Auffassungsgabe in jeder Hinsicht zehnfach überlegen war.[8] Denn auf eine Weise, die man nur

---

[4] Das Geburtsjahr Bernwards ist unbekannt; es ist um 960 anzusetzen.
[5] Adelbero von Sachsen (gest. 982?).
[6] 976–990; er ist der Bruder von Bernwards Mutter.
[7] Osdag von Hildesheim (985–989). Damals war Folkmar aber kein Diakon mehr. Richtig wäre wohl Bischof Otwin von Hildesheim (954–984).
[8] Vgl. Deuteronomium 1, 20.

als Wunder auffassen kann, wurde ihm bereits in jungen Jahren von Gott das Licht eines scharfen Verstandes zuteil. Daher durchdrang er in gründlichem Nachdenken und mit nicht nachlassendem Interesse die zentralen Inhalte der Theologie. Bald las er gemeinsam mit anderen, bald wandte er sich in kleinerem Kreis und vertrauterem Rahmen nur an diejenigen, bei denen er eine gewissenhaftere Beschäftigung mit der Heiligen Schrift bemerkte. Man stellte Fragen, und er ging allen Problemen klärend auf den Grund. Auch wenn er in der Schule auf einem weiter entfernten Platz saß, so nahm er dennoch wie eine äußerst kluge Biene die einzelnen Lektionen, die ich aus verschiedenen Büchern vortrug, mit gespannter Aufmerksamkeit in sich auf.

Später dann setzte er sich mit den anderen Jungen zusammen, vermittelte ihnen auf perfekte Weise, was er sich gewissermaßen wie ein Dieb erfolgreich angeeignet hatte, und prägte es als Wissen ihrem Gedächtnis ein. Mir bereitete es Vergnügen, daß der Junge mit vollem Einsatz darauf aus war, sich wie ein Dieb den Unterrichtsstoff erfolgreich anzueignen. Um so mehr richtete ich deshalb mein Augenmerk darauf, den begabten jungen Mann für die Erkenntnis der wahren Lehre zu begeistern. Folglich erteilte ihm der ehrwürdige Osdag[9] die niederen Weihen. In einer Vorahnung von seiner Bedeutung sah dieser nämlich voraus, daß sich Großes an ihm zeigen werde. Mich ermahnte er recht eindringlich, unablässig auf ihn zu achten.

Manchmal verließ ich im Dienste des Herrn Bischof das Münster. Dabei nahm ich ihn mit, um ohne die anderen Jugendlichen meine Aufmerksamkeit gezielt ihm zuzuwenden und mir genauer und sorgfältiger über seine Begabung Klarheit zu verschaffen. Denn diese konnte ich in der großen Zahl der jungen Leute nicht beurteilen und so eingehend untersuchen, wie ich es mir wünschte. Dabei fand ich

[9] Wohl Bischof Otwin.

heraus, daß er in geradezu wunderbarem Ausmaß, weit über sein Alter hinaus, durch unterschiedliche Fähigkeiten und Vorzüge glänzte. Denn oft trieben wir bei einem Ausritt einen ganzen Tag lang unsere Studien. Das eine Mal lasen wir Unterrichtsstoff, der nicht weniger umfangreich war, als wenn wir in der Schule dafür Zeit gehabt hätten, ein andermal dichteten wir unterwegs Verse und scherzten. Darauf verlegten wir zur Abwechslung unseren Wetteifer auf Übungen in Prosa und erklärten den Sinn durch eine einfache Darstellung des Gedankenganges. Oft gerieten wir geradezu ins Schwitzen, indem wir uns raffinierte logische Schlußfolgerungen ausdachten. Auch er selbst stellte philosophische Fragen von zentraler Bedeutung und brachte mich häufig, bei aller Wahrung von Takt und Anstand, doch durch ihre scharfsinnige Art in Verlegenheit. Äußerst gewandt ging er also mit Begabung und Interesse auf mich ein. Denn zu keiner Stunde, nicht einmal, wenn er sich etwas Entspannung gönnte, konnte man ihm den Vorwurf machen, nichts zu tun.

Obwohl er sich mit dem Feuer seiner Begeisterung jedem Wissensgebiet zuwandte, dessen Studium einem freien und unabhängigen Mann zukommt, so richtete er seinen Eifer doch ebensosehr auf die niederen sogenannten mechanischen Künste. In der Schreibkunst glänzte er besonders, auch das Malen betrieb er mit großem Können. Ebenfalls tat er sich in erstaunlicher Weise hervor in der Kenntnis der Goldschmiedekunst, in der Kunst, Edelsteine zu fassen, und darin, etwas nach Ordnung und Gesetz zusammenzufügen oder zu bauen. Dies wurde auch später an sehr vielen Bauten deutlich, die er errichten und mit prachtvollem Schmuck ausstatten ließ. In Haushalts- und Vermögensangelegenheiten zeigte er sich sehr energisch und beherrschte sie, als sei er von Kindheit an damit aufgewachsen.

Die Ausstrahlung seines natürlichen Talents fand das Wohlgefallen Gottes und die Sympathien der Menschen. So

Christus krönt Otto II. und Theophanu

erwarb er sich die Achtung und das Vertrauen des Herrn Bischof, bei dem er lebte, und der ganzen Gemeinschaft. Außerdem genoß er die Zuneigung und große Anerkennung seiner Verwandten. Sein Großvater, Pfalzgraf Adelbero, nahm denn auch diesen hervorragenden jungen Mann, als die ersten hoffnungsvollen Anzeichen einer sich anbahnenden glanzvollen Laufbahn sichtbar wurden, wie einen Sohn bei sich auf. Dies tat er, obwohl er das große Glück hatte, eine zahlreiche Nachkommenschaft beiderlei Geschlechts zu haben. Adelbero war ein Mann, dessen Fähigkeiten sehr viel Anerkennung fanden. Das ihm übertragene Grafenamt übte er eher aus Pflichtbewußtsein als aus Neigung aus. Da er in Bernward einen vorzüglichen Ratgeber fand, entwickelte er ein recht enges Vertrauensverhältnis zu ihm. So unternahm er auch nicht das Geringste, ohne ihn um Rat zu fragen.

2. *Bernward als Diakon und Priester*

Vom ehrwürdigen Erzbischof Willigis[10] empfing Bernward die Subdiakonatsweihe. Danach blieb er noch eine Zeitlang bei ihm, und nachdem sich der Erzbischof von seinem rechtschaffenen Lebenswandel und den Fortschritten in seinem religiösen Leben überzeugt hatte, weihte er ihn auch zum Diakon. Nicht lange danach wurde Bernward eine weitere Ehre zuteil, indem er von Willigis in das Priesteramt eingeführt wurde.

Er kehrte darauf zu seinem Großvater, dem Pfalzgrafen, zurück, der ihn herzlich aufnahm und ihn inständig bat, er möge doch bei ihm bleiben. Bernward stimmte bereitwillig zu und diente seinem Großvater mit größter Hingabe und Ausdauer. Während sich andere dann und wann zurück-

[10] Willigis von Mainz (975–1011).

zogen, um sich zu erholen, hielt Bernward Tag und Nacht bei ihm aus und blieb unermüdlich an seiner Seite. Die Schwächen und Launen des hochbetagten Greises ertrug er mit bewundernswerter Geduld, er vermittelte zwischen ihm und seiner Familie, gab den Leuten hilfreiche Hinweise und sagte ihnen täglich, was sie zu tun hatten. Ihre Interessen beim Grafen vertrat er fürsorglich und aufmerksam. Aus Liebe zu ihm setzte er sich mit ganzer Kraft auch für seine Söhne ein, die ihm ebenfalls größtes Vertrauen entgegenbrachten. Und obwohl bei einer derartigen Vertrauensstellung leicht Neid und Mißgunst entstehen, verstand es Bernward, solche Gefühle durch seine geschickte, zurückhaltende Art gar nicht erst aufkommen zu lassen.

Zwischen dem Vater und dem Sohn, dem Bischof[11], eilte er häufig als Botschafter hin und her und förderte die gute Beziehung zwischen beiden. Dem Bischof gefiel er so sehr, daß er ihm an seiner Stelle die Leitung des Klosters Deventer[12] übertragen wollte. Deshalb entstand zwischen dem Bischof und dem Grafen ein respektvoll ausgetragener Wettstreit um den hochbegabten jungen Mann, den beide wegen seines angenehmen Wesens gern an ihrer Seite sehen wollten. Bernward aber wollte lieber bei seinem kranken und altersschwachen Großvater ausharren, als sein Vergnügen am Hof des Bischofs zu suchen. So blieb er in treuer Ergebenheit bei ihm bis zu dessen Tod.

Bernward am Kaiserhof

Nach dem Tod des Pfalzgrafen ging er an den Kaiserhof und trat in den Dienst Ottos III., der zu dieser Zeit[13] erst sieben

[11] Folkmar von Utrecht.
[12] In der niederländ. Provinz Overijssel.
[13] 987.

Jahre alt war und gemeinsam mit seiner ehrwürdigen und klugen Mutter, der Kaiserin Theophanu, das Reich regierte. Bei ihr wurde der junge Geistliche wohlwollend aufgenommen. In kurzer Zeit erwarb er sich ihr höchstes Vertrauen, so daß die Kaiserin mit Zustimmung aller Fürsten den Unterricht und die Erziehung des Königs in seine Hände legte.[14] Obwohl er unter der Anfeindung bestimmter Kreise zu leiden hatte, erfüllte er diese Aufgabe so vorzüglich, daß der junge Kaiser erstaunliche Fortschritte im Lernen machte und dennoch genug Zeit fand, sich auf die Übernahme der Staatsgeschäfte gewissenhaft vorzubereiten. Andere versuchten, sich beim Kaiser einzuschmeicheln und verführten das Kind zu Belustigungen und allem, was der unerfahrenen Jugend gefällt. Sogar die Kaiserin war aus Furcht, sonst die Liebe ihres Kindes zu verlieren, so nachgiebig, daß sie zu allem, wonach ihm sein jugendlicher Sinn stand, bereitwillig ja sagte. Bernward allein blieb konsequent bei seinen Grundsätzen; er verstand es, ihn durch Strenge von den Dingen, die er nicht tun durfte, abzuhalten und dennoch seine volle Zuneigung zu gewinnen.

3. Unterdessen starb die Kaiserin Theophanu in Nimwegen[15]; das ganze Reich betrauerte ihren Tod. Nunmehr ohne Eltern, vertraute sich der junge König gänzlich der Leitung seines treuesten Lehrers an. Mit ihm beriet er sich und prüfte alles, was andere ihm schmeichlerisch einredeten. Denn obwohl noch jung an Jahren, vermochte er dank seiner großen Begabung die Verstellung mancher Leute zu durchschauen. So hing er mit großer Liebe an seinem Lehrer und ließ sich von keinem anderen leiten als von ihm, den er als einen Menschen verehrte, der alle guten Eigenschaften in sich vereinte.

---

[14] 988.
[15] 16. Juni 991.

4. *Bernward wird Bischof*

Zu dieser Zeit starb der verehrungswürdige Bischof Gerdag[16], und dieser glaubensstarke junge Mann, Bernward, wurde einstimmig zu seinem Nachfolger gewählt. Obwohl viele Geistliche von Adel, die schon lange am Hof gedient hatten, dieses Amt für sich begehrten, gaben doch alle diesem von Gott erwählten Mann ihre Stimme. So wurde er nach einmütiger Wahl vom Erzbischof Willigis zum Bischof der heiligen Hildesheimer Kirche geweiht, im Jahre 993 nach Christi Geburt, im 6. Jahr der Indiktion[17], am 15. Januar.

5. *Lebensweise und Tagesablauf des Bischofs*

Nachdem er nun die Würde des Bischofsamtes erreicht hatte, arbeitete der junge Mann hart an sich und entwickelte mit einer unbeschreiblichen Selbstbeherrschung die Fähigkeit, bis zum äußersten seine körperlichen Bedürfnisse einzuschränken und seine physische Leistungsfähigkeit zu steigern. Auf das rechte Maß war er in allem, was er tat, besonders bedacht. Er hielt sich an das bekannte Wort eines weisen Mannes: „Nichts im Übermaß!“[18] Auch in seinen strengen Sitten übertraf er in erstaunlichem Maß sogar ältere Leute. So kam es, daß er sehr häufig seine Untergebenen unerbittlich zu ihren Pflichten anhielt.

Mit Genuß zu essen gilt zwar weiterhin als erstrebenswert, nicht so für Bernward. Kaum jemand ist imstande, seine Zurückhaltung bei Tisch angemessen zu würdigen.

---

[16] 7. Dezember 992.

[17] Zyklus von 15 Jahren, der seit der Spätantike für Finanzwirtschaft und Zeitrechnung von Bedeutung war.

[18] Terenz, Andria I, 1,34.

Das Trinken kontrollierte er und schränkte es so ein, daß er nach dem Abendessen vor dem Schlafengehen nur ein einziges Mal etwas trank, auch ziemlich oft völlig darauf verzichtete, es sei denn, er mußte auf anwesende Freunde oder Gäste Rücksicht nehmen. Hatte er sich aber zur Ruhe gelegt, wandte er sich manchmal schon beim ersten Hahnenschrei wieder der Lesung zu. Häufig unterbrach er den Schlaf und brachte die Zeit, bis sich die Geistlichen zu den Morgengesängen erhoben, mit stillem Gebet zu. Nach den Gesängen dehnte er oftmals das Psalmengebet bis zur Morgendämmerung aus. Danach ruhte er ein wenig und gönnte seinem zarten Körper etwas Erholung, bis er bei Tagesanbruch dem kanonischen Morgengebet beiwohnte. Anschließend suchte er, als stehe er unter der Ordensregel, mit den Brüdern, die ihn begleiteten, die Versammlung der Domherren auf. Er ordnete an, den Tag und Monat und die Namen der Brüder vorzulesen, deren Gedächtnis bevorstand. War das Gebet beendet, schritt er um die dritte Stunde zur feierlichen Zelebration der Messe, und unter großer Reue wandte er sich dabei mit ganzer Seele dem Herrn zu.

Darauf ging er an seine weltlichen und öffentlichen Aufgaben. Prozeßangelegenheiten und Anliegen von Unterdrückten prüfte er in kurzer Zeit. Denn durch seine natürliche Begabung und Beredsamkeit war er all dem vorzüglich gewachsen. So empfing er auch den Beauftragten der Kirche, der sich um das Almosenwesen und die Armen kümmerte. Eine große Zahl der Armen, nämlich jeweils hundert oder noch mehr, ließ er täglich aufs reichlichste mit Nahrung versorgen. Sehr viele unterstützte er auch mit Geld oder sonstigen Zuwendungen, soweit es seine Möglichkeiten zuließen. Danach unternahm er einen Rundgang durch die Werkstätten, in denen unter Anwendung verschiedener Verfahren Metallarbeiten entstanden, und beurteilte die Arbeiten der einzelnen.

Ziegel aus der Werkstatt Bernwards nach dem Vorbild röm. gestempelter Ziegel

War er schließlich mit dem allem ordnungsgemäß fertig, setzte er sich um die neunte Stunde in Furcht vor Gott und unter seinem Segen zu Tisch. Dabei wurde er von zahlreichen Brüdern und Leuten aus dem Volk dicht umringt. Bei Tisch erregte man kein Aufsehen, vielmehr herrschte ernstes Schweigen. Denn alle konzentrierten sich unter Wahrung von Anstand und Disziplin auf die Lesung, die nicht kurz war und während des Essens vorgetragen wurde. Den Brüdern, die krank und altersschwach waren, spendete er freundlich mit eigener Hand den Segen. Darüber hinaus versagte er auch keinem Armen in der Stadt oder in der Vorstadt, von dem er hätte Kenntnis haben können, diese fromme Handlung. So wünschte er, nach dem Wort des Apostels[19], allen alles zu sein, um alle in Christus zu gewinnen.

6. *Bernward als Förderer der Künste*

Mühsam und schwierig ist es, seinen Tagesablauf zu beschreiben, da er sich, wie Gott weiß, Tag und Nacht mit ganzer Kraft dem Dienst Gottes widmete. Ebenso trieb er alle anderen aus seiner Umgebung zu ähnlichem Streben an – ich möchte fast sagen: über ihre Kräfte. Auch im Bereich der Kunst gab es nichts, woran er sich nicht versucht hätte, wenn er es auch nicht bis zur letzten Vollendung bringen konnte. Schreibstuben richtete er nicht nur in unserem Münster ein, sondern auch an verschiedenen anderen Orten, und so trug er eine umfangreiche Bibliothek theologischer und philosophischer Schriften zusammen. Er duldete nicht, daß die Malerei, die Bildhauerei, das Goldschmiedehandwerk und die Kunst, edle Steine zu fassen,

---

[19] Vgl. 1. Brief an die Korinther 9,22.

und was sich sonst an künstlerischen Betätigungen ausdenken läßt, vernachlässigt würden. Als der König einmal überseeische und schottische Gefäße als ganz besonders kostbare Geschenke erhielt, erkannte er das Besondere und Herausragende daran und wertete es für sich aus. Denn er hatte stets talentierte und überaus begabte Diener bei sich, wenn er an den Hof oder auf längere Reisen ging, die alles, was ihnen an den Meisterstücken irgendeiner Kunst auffiel, genau studieren mußten. Eine Vorliebe hatte er auch für die Mosaikarbeiten zur Verzierung von Fußböden; ebenso fertigte er Ziegeln an einem Dach, ohne daß es ihm jemand vorgemacht hätte.

Um es kurz zusammenzufassen: Er war keinen Augenblick untätig, und als treuer Verwalter der Gemeinde des Herrn verschaffte er seinen Mitarbeitern alles, was sie brauchten. Und obwohl er in der Schatzkammer Christi mit gewissenhafter Frömmigkeit sammelte, was immer ihm brauchbar erschien, so gab er dennoch dem Kaiser das Seine, wie es das Evangelium verlangt[20]. Denn dem Kaiser Otto III. diente er in aufrichtiger Liebe nach bestem Wissen und Können. Dadurch zog er sich aber den Haß vieler zu, die es nicht gerne sahen, daß er sich so wachsam der Staatsgeschäfte annahm.

7. Die Abwehr von Feinden

Damals wurde ein großer Teil Sachsens durch wilde Seeräuber und andere Barbaren verwüstet und war ständigen Raubzügen preisgegeben. Bernwards Bemühen nun war es, das Land von dieser Plage zu befreien, wobei er sich selbst und die Seinen in große Gefahr brachte. Indem er teils

[20] Vgl. Matthäus 22,21.

gemeinsam mit anderen, teils aber auch allein mit seinen Leuten über sie herfiel, setzte er ihnen hart zu. Da aber die Barbaren beide Elbufer und sämtliche Schiffe in ihrer Hand hatten und sie so mit Leichtigkeit auf dem Wasserweg ganz Sachsen überfluten konnten, waren derartige Einfälle nicht restlos einzudämmen. Daher dachte der wachsame Priester Gottes in seiner Sorge für die ihm anvertraute Gemeinde unermüdlich darüber nach, wie er das Volk Gottes vor der Wildheit der Barbaren retten könne. Denn ihre wütenden Angriffe dehnten sich schon fast bis nach Hildesheim aus, und sie versprachen sich diesen heiligen Ort schon als Beute.

Daher erbaute nun Bernward, von Gott erleuchtet, fast am äußersten Rand seines Bistums, am Zusammenfluß von Aller und Oker, eine kleine, aber stark befestigte Burg[21], besetzte sie mit Truppen und schlug so den Angriff der Barbaren zurück. So befreite er das Gottesvolk von der Wildheit der Feinde. Mit Gottes Beistand schenkte er den Gläubigen jener Gegend einen so sicheren Frieden, daß sie fortan weder Schaden noch Bedrängnis durch die Barbaren zu erleiden hatten. Nachdem durch die Tatkraft des Priesters Christi dem Wüten der Barbaren an diesen Orten ein Ende gemacht war, trieben sie es in den benachbarten Orten um so schlimmer. Daher stellte sich Bernward, der nach dem Vorbild Christi wie ein Hirt über die Herde seiner Gläubigen wachte, den Feinden der Kirche entgegen, frohlockend wie ein Held, der seine Bahn betritt.[22]

In der Gemarkung Wirinholt[23] baute er eine starke Befestigungsanlage, denn dort hatten die Feinde ihren sichersten Stützpunkt, von dem aus sie ungestört nach allen Seiten hin ihre tückischen Raubzüge antraten. Er machte sie durch

---

[21] Mundburg.
[22] Vgl. Psalm 18,6.
[23] Wohl Wahrenholz (Krs. Gifhorn).

994 begann Bernward mit der Befestigung der Domburg. Große Teile der Mauer sind heute noch gut zu sehen.

Gräben und Wasserrinnen, die von einem Bach gespeist würden, vollkommen sicher und belegte sie mit einer starken Truppe, die er mit Lebensmitteln, Waffen und allem Nötigen versah. Und so machte er mit dem Beistand Gottes diesen höchst gefährdeten Ort zu einem Ort des Friedens und der Sicherheit für das Volk Gottes. Ja, nachdem aller Teufelsspuk und alle barbarische Hinterlist beseitigt waren, verwandelte er diesen Abgrund feindlicher Überfälle in eine Stätte des Gebetes, indem er dort eine Kapelle zu Ehren des heiligen Bischofs und Märtyrers Lambert errichtete. Er gab der Kirche Christi von da ab den Frieden zurück, und das Volk Gottes hatte durch die Tatkraft seines wachsamen Lenkers vollkommene Ruhe vor jedem feindlichen Angriff. Durch diese und andere gute Taten, die er mit Hingabe dem Staat und dem gläubigen Volk erwies, erregte er den Neid und die Mißgunst vieler, besonders aber der Fürsten. Auch von dem Mainzer Erzbischof[24] hatte er viel Unerfreuliches und offene Feindseligkeit zu ertragen, von denen wir im folgenden ausführlich berichten werden. Doch ertrug er die Feindschaft dieses Mannes mit größter Geduld und verwaltete voll Güte Kirche und Reich.

8. Der Grundbesitz des Bistums wird vermehrt

Obwohl Bernward für die äußere Verteidigung gegen die Barbaren erhebliche Summen aufwenden mußte, ist es dennoch unbeschreiblich, wieviel er im Bistum zum Nutzen seiner Kirche aufgebracht hat. Den Grundbesitz zum Beispiel erweiterte er so, daß er mindestens dreißig große Höfe

[24] Willigis.

kaufte samt den Familien der Liten[25] und Kolonen[26], deren prächtige Häuser geradezu auffielen. An ungezählten anderen Orten brachte er jeweils acht bis zehn Hufen[27] oder – je nach Gelegenheit – auch mehr oder weniger in den Besitz seiner Kirche. Alte Höfe, die seine Vorgänger besessen hatten und die er unbewirtschaftet vorfand, stattete er mit vortrefflichen Gebäuden aus; einige dieser Bauwerke verzierte er mit verschiedenen Mosaiken, indem er nach einem kunstvollen Schema abwechselnd rote und weiße Steine verwendete und sie so zum schönsten Kunstwerk machte.

Hildesheim und der Dom werden prachtvoll ausgestattet

Und was soll ich erst sagen über seinen Eifer und Ehrgeiz, mit dem er unsere heilige Stadt und die Hauptkirche berühmt machte? Sich selbst und alles, was er haben konnte, hätte er am liebsten für sie dahingegeben. Das bezeugen seine Werke, die auch in Zukunft von dem frommen Wirken dieses Mannes deutlich genug erzählen werden. Die Kirche in wunderbarer Weise zu verschönern war sein unablässiges Ziel. Ihre Wände und Decken schmückte er mit wundervollen, leuchtenden Gemälden, so daß man das Gefühl hatte, in einer völlig neuen Kirche zu sein. Für die festliche Prozession an hohen Feiertagen ließ er Evangelienbücher anfertigen, die von Gold und Edelsteinen prangten, und

25 Liten: „Zinsleute“, im altgermanischen Recht die Halbfreien; sie waren meist rechts- und vermögensfähig, dabei aber dienst- und zinspflichtig; sie waren an das ihnen zugewiesene Stück Land gebunden und besaßen keine politischen Rechte.

26 Kolonen: Die ursprünglich persönlich freien Kolonen wurden seit dem 4. Jahrh. erblich an ihr Ackerland gebunden, von dem sie Abgaben zu entrichten hatten.

27 Hufe: ahd. huoba, „eingezäuntes Land“. Ursprünglich keine feste Maßeinheit, entwickelte sich die Hufe im frühen Mittelalter zu einer Durchschnittsgröße von etwa 7–10 Hektar.

auch kostbare Rauchfässer von bedeutendem Gewicht. Ferner schuf er mehrere kunstvolle Kelche, einen davon aus Onyx, einen anderen aus Kristall. Einen weiteren Kelch, der nach öffentlichem Gewicht zwanzig Pfund[28] wog, schmiedete er zum Gebrauch für den Gottesdienst aus purem Gold. Auch einen Kronleuchter von erstaunlicher Größe, der von Gold und Silber funkelte, ließ er vorne in der Domkirche aufhängen. Noch vieles andere vollbrachte er, was wir übergehen wollen, um nicht durch Weitschweifigkeit Langeweile zu erzeugen.

Mit größter Zielstrebigkeit ging er daran, unseren geweihten Ort mit einem Mauerring zu umgeben. Ringsum errichtete er Türme und führte das Werk mit solcher Klugheit durch, daß, wie sich heute zeigt, in ganz Sachsen nichts zu finden ist, was ihm an Schönheit und zugleich an Stabilität gleichkäme. Außerhalb der Mauern erbaute er eine prächtige Kapelle zu Ehren des lebenspendenden Kreuzes[29]. Einen Splitter des Kreuzes Christi, ein Geschenk des Kaisers Otto III., legte er, eingefaßt in funkelnde Edelsteine und reines Gold, in dieser Kapelle zur Verwahrung nieder. In der Kraft dieses heiligen Kreuzes gab der gütige Gott dort durch unleugbare Zeichen und Wunder ungezählte Beweise seiner Gnade.

9. Das Große Bernwardskreuz

Von diesen Wundern will ich nur ein einziges erwähnen, durch das Gott, der Herr, die Frömmigkeit unseres Bischofs stärken wollte. Bischof Bernward arbeitete nämlich an einer sehr kunstvollen Hülle aus Gold und Edelsteinen, um darin

[28] Pfund: Gewichtseinheit; im Mittelalter regional unterschiedlich definiert (Mittelwert etwa 500 Gramm).
[29] D.h. des Kreuzes Christi.

Das große Bernwardskreuz

das lebenspendende Holz[30] aufzubewahren. Dabei versuchte er, aus den drei kleinen Teilen des heiligen Holzes ein viertes herauszuschneiden, um nach allen vier Seiten des Kreuzes ein Teil legen zu können. Aber die Holzteile waren so klein und zierlich, daß sie nicht zu teilen waren. Während nun der fromme Diener Gottes hin und her überlegte – sieh da! –, lag plötzlich das vierte Teilchen des heiligen Holzes unter den Händen des Bischofs; wie man glaubt, war es von einem Engel dorthin gelegt worden. Bald darauf hatte der Bischof voller Freude das heilige Holz in die vier vorbereiteten Rundungen gelegt.

Wie viele Menschen, die sich daran erfreuten, haben bei heftigen Fieberanfällen durch die Kraft des heiligen Kreuzes Linderung erfahren! Mehr als einmal haben die Gläubigen, wenn durch die unbeständigen Wetterverhältnisse eine Krankheitswelle ausgebrochen war, sich und ihre Habe an diesem lebenspendenden Kreuz gereinigt und so die Krankheit vertrieben. Auch verheerende Dürrezeiten haben wir schon überwunden, indem wir dieses einzigartige Holz öffentlich zur Anbetung ausstellten, so, als hätten wir Macht über den Regen. Täglich geschehen viele Heilungen durch die Kraft dieses heiligen Siegeszeichens, und jeder, der sich in seinem Kummer vor dem Kreuz niederwirft, wird sehr schnell getröstet.

10. Die Heilig-Kreuz-Kapelle

Die Kapelle des heiligen Kreuzes aber weihte er ein, nachdem sie in vielfältiger Weise verziert und fertiggestellt war; dies geschah am 10. September 996 nach Christi Geburt, im

[30] Splitter vom Kreuz Christi, die ihren Platz später möglicherweise im sog. Großen goldenen Bernwardskreuz gefunden haben.

9. Jahr der Indiktion[31], im 13. Jahr der Königsherrschaft des ruhmreichen Kaisers Otto III., im ersten Jahr nach Übernahme des Kaiseramts, im 4. Jahr seiner eigenen Bischofsweihe. So verwandelte er diesen Platz, der vorher von Dikkicht und Dornensträuchern bewachsen war, für die Bewohner der Umgebung – Ehre sei dir, Christus! – durch Deine Gaben der Taufe, des Begräbnisses und der Ölung in eine Stätte, von der für immer Trost ausgeht.

11. Der Streit mit Willigis, dem Erzbischof von Mainz, um das Kloster Gandersheim wird angekündigt

Diese und andere Werke seiner tiefen Frömmigkeit vollbrachte er unter Einsatz aller seiner geistigen und körperlichen Kräfte zum Nutzen der Kirche. So erlangte der Bischof, dem unser Andenken gilt, in höchstem Maße das Wohlwollen Gottes, der sein Inneres lenkte, und das der Kirche, die den Erfolg seines Wirkens auch äußerlich anerkannte. Zu dieser Zeit gab es niemanden auf der Erde, der so geachtet wurde wie er, so, wie man es auch über den hl. Ijob[32] liest. Und daher war es nur folgerichtig, daß diesem begnadeten Mann auch in schweren Zeiten der Versuchung wegen seiner sonstigen Vorzüge und besonders wegen seines demütigen und geduldigen Verhaltens die Bewunderung aller Menschen galt.

Im achten Jahr nach seiner Bischofsweihe[33] wurde er nämlich von Erzbischof Willigis von Mainz wegen des Gandersheimer Gebiets schwer bedrängt und unter klarer Verletzung der Kirchengesetze angegriffen. Doch ließ Bernward sich dadurch nicht im geringsten von seinem

---

[31] Vgl. Anmerkung 17.
[32] Vgl. Ijob 1,8.
[33] Im Jahre 1000.

Weg, den er in Demut und Geduld ging, abbringen. Den Forderungen jedoch, die der Erzbischof nicht mit einer rechtlichen Begründung, sondern in Form einer Machtanmaßung erhob, widersetzte sich Bernward mit gutüberlegten Argumenten und aus unbeugsamem Pflichtbewußtsein, nicht aber aus unüberlegter Kühnheit. Gemäß den Worten des Paulus: „Solange ich Apostel der Völker bin, will ich meinem Amte Ehre machen“[34], achtete er, solange er die Kirche Christi als Hirte leitete, mit größter Sorgfalt darauf, daß die Rechte seines Bistums uneingeschränkt erhalten blieben, was ihm auch mit Gottes Hilfe, freilich nur unter vielen Schwierigkeiten, gelungen ist.

Damit sich aber ein ähnlicher Streit über die Gandersheimer Kirche in Zukunft nicht noch einmal wiederholt, schien es mir zweckmäßig, die ganze Streitfrage zwischen dem Mainzer Erzbischof und dem ehrwürdigen Herrn Bernward der Reihe nach hier darzulegen. Ich halte es dabei für notwendig, bei der Untersuchung dieser Angelegenheit etwas weiter auszuholen. Der Leser möge sich dadurch nicht abschrecken lassen, denn den kommenden Generationen kann vielleicht in mancher Hinsicht ein Nutzen daraus erwachsen.

12. Gründung und Geschichte des Klosters Gandersheim

Das[35] Gebiet von Gandersheim, im Gau Flenithi gelegen, gehörte zusammen mit den umliegenden Ortschaften seit der Grenzfestlegung der Bistümer in Sachsen mit Sicherheit zum Amtsbereich der Bischöfe von Hildesheim. Dies dürfte allen, die es wissen wollen, klar einleuchten, weil dieses

[34] Vgl. Brief an die Römer 11,13.
[35] Hier beginnt der Dresdner Kodex.

Gebiet ja schon seit den allerersten Anfängen der Christianisierung unseres Volkes, schon vor der Gründung des besagten Klosters, unter der Obhut unseres Bischofs stand.

Zu Zeiten Altfrieds[36], der der vierte Bischof unserer Kirche war, zogen nämlich der Herzog Liudolf[37] und seine fromme Gemahlin Oda, von großem Eifer für den Dienst Gottes entflammt, auf den Rat dieses Bischofs nach Rom und wurden dort von Papst Sergius[38] ehrenvoll empfangen. Als der Papst ihre tiefe Gläubigkeit erkannte, schenkte er ihnen Reliquien der heiligen Bischöfe Anastas und Innozenz und entließ sie mit seinem Segen. Mit Gottes Hilfe in ihre Heimat zurückgekehrt, gründeten sie auf den Rat Bischof Altfrieds in Brunshausen[39] ein Frauenkloster und übergaben ihre Tochter Hathumod, die damals zwölf Jahre alt war, dem genannten Bischof, damit er ihr die Leitung des Klosters übertrage. Das geschah im Jahr 852 nach der Geburt des Herrn, als Hrabanus[40] Bischof von Mainz war. Die gesamte Aufsicht über den Ort und das Kloster übertrugen sie Bischof Altfried.

Einige Jahre später, im Jahr 856 nach der wunderbaren Geburt Christi, als Karl[41] dem Bischof Hrabanus im Amt folgte, entdeckte Bischof Altfried einen Platz an der Gande, dem er nach dem Fluß den Namen Gandersheim gab. Hier begann er, mit Zustimmung des Herzogs, ein größeres Kloster zu bauen. Damals war Liudbert[42] als Nachfolgers Karls Bischof von Mainz. Dieser Platz erschien Altfried nämlich wegen der reizenden Lage seiner Wiesen und Wäldchen besonders angenehm und bot wegen seiner dichten Wälder

---

36 851–874.
37 Liudolf von Sachsen, Großvater Heinrichs I.
38 Sergius II.; er starb am 27. Januar 847, also bevor Altfried Bischof wurde.
39 Im Kreis Bad Gandersheim.
40 Hrabanus Maurus (847–856).
41 856–863.
42 863–889.

und schützenden Sümpfe zugleich eine relativ große Sicherheit für eine Niederlassung der Dienerinnen Gottes. Der Herzog[43] und die Äbtissin Hathumod[44] starben, noch bevor der Bau der Kirche zu Gandersheim beendet war, und beide wurden in der alten Kirche zu Brunshausen beigesetzt. Daraufhin wurde durch die Vermittlung des ehrwürdigen Bischofs Altfried[45] und des Erzbischofs Liudbert von Mainz, des Nachfolger Karls, der Schwester Hathumods, Gerburg I., die Leitung des Klosters übertragen. Zwei Jahre später[46] verstarb der ehrwürdige Altfried. Er regierte zugleich mit den Mainzer Bischöfen Hrabanus und Karl und zwölf Jahre[47] gleichzeitig mit Liudbert. Unter ihm wurde der Dom zu Hildesheim, dessen Grundstein er selbst gelegt hatte, in aller Pracht vollendet und mit Gottes Hilfe eingeweiht. Altfried starb, nachdem er viele gute Werke getan hatte.

Als fünfter Bischof unserer Kirche folgte ihm Markward, der nur vier Jahre[48] regierte; während seiner Zeit wurde die Decke der Kirche in Gandersheim eingezogen.

Auf ihn folgte Wigbert[49] als sechster Bischof. Er vollendete den Bau und weihte die Kirche ein[50]. Er war es auch, der gemeinsam mit der Herrin Oda und der Äbtissin Gerburg das klösterliche Leben an dieser Stätte aufbaute und zum Abschluß brachte. In ihren Aktivitäten und Anordnungen folgten sie grundsätzlich den Ratschlägen Altfrieds.

---

[43] Gest. 866.
[44] Gest. 29.11.874.
[45] Bischof Altfried war bereits am 15. August 874, also vor der Äbtissin Hathumod gestorben; es müßte daher sein Nachfolger Markward sein.
[46] Irrtum, vgl. Anmerkung 45.
[47] Es waren 10 Jahre!
[48] 874–880, also 6 Jahre.
[49] 880–903.
[50] 1.11.881.

Gerburg stand 22 Jahre an der Spitze des Klosters; in der neuen Kirche wurde sie an der Seite Hathumods[51] bestattet.

Wigbert übergab ihrer Schwester Christina die Leitung des Klosters und weihte sie zur Äbtissin. Im 107. Lebensjahr starb auch Oda[52], nachdem alle ihre Kinder vor ihr gestorben waren und nur noch Christina am Leben war; Oda wurde neben ihren Töchtern beigesetzt. Aber auch Christina überlebte ihre Mutter nur um sechs Jahre und ging dann durch einen glücklichen Tod zum Herrn.

Bischof Wigbert regierte zeitgleich mit den Mainzer Bischöfen Liudbert, Sunderald[53] und Hatto[54].

Nach Wigbert folgte Walbert[55] als siebter Bischof. Dieser führte die ehrwürdige Roswitha, die von den Klosterfrauen gewählt worden war, in ihr Amt als Äbtissin ein, nahm auch die Weihen in der dortigen Kirche vor, kleidete die Dienerinnen Gottes ein und übernahm alle sonstigen gottesdienstlichen Aufgaben.

Nach Walbert wurde Sehard[56], ein ehrwürdiger Mann, zum achten Hirten unserer Kirche geweiht. Auch er vollzog alle kirchlichen Amtshandlungen an diesem Ort, ohne daß sich jemals Widerspruch dagegen erhob.

Nach Sehard wurde uns Thiethard[57] als neunter Bischof vorangestellt, während Friedrich[58] als Erzbischof von Mainz regierte. Thiethard weihte die neue Kirche, in der die Nonnen bis heute Christus dienen, und übte ordnungsgemäß alle bischöflichen Rechte an dieser Stätte aus, ohne daß sich irgendein Widerspruch erhoben hätte.

---

[51] Gerburg starb 896 und wurde in Gandersheim bestattet, wohin auch der Leichnam Hathumods von Brunshausen übertragen worden war.
[52] Gest. 913.
[53] 889–891.
[54] 891–913.
[55] Gest. 919.
[56] 919–928.
[57] 928–954.
[58] 937–954.

Nach Thiethard regierte Otwin[59] als zehnter Bischof. Dieser übertrug Gerburg II. die Leitung des Klosters, spendete ihr die Weihe und nahm alle bischöflichen Amtspflichten wahr, ohne daß sich Wilhelm[60], der Sohn Ottos des Großen, ihm in irgendeiner Form widersetzt hätte. Hatto[61] und Rodbert[62] bereiteten ihm ebenfalls nicht die geringsten Schwierigkeiten, sondern waren seine besten Freunde. Willigis[63], der Nachfolger Rodberts, begegnete Otwin aus Respekt vor seinem Alter und seiner streng sittlichen Lebensweise in der Öffentlichkeit mit Ehrerbietung; insgeheim aber war er schon gereizt und feindselig gegen ihn eingestellt; in der Leitung des Klosters machte er Otwin weder durch Worte noch durch Taten irgendwelche Schwierigkeiten.

Das wollte ich vorausschicken, damit alle sehen, wie leichtfertig und unüberlegt ein Zustand angetastet wurde, der fast 200 Jahre lang durch das einträchtige Verhalten ehrwürdiger Väter und Bischöfe beider Diözesen gefestigt worden war und unabänderlich und rechtsgültig bestanden hatte.

13. Der Beginn des Gandersheimer Streits

Der Auslöser dieses Streites war – um es offen zu sagen – die Tochter Kaiser Ottos II., Sophia. Sie weigerte sich nämlich, von ihrem Hildesheimer Bischof Osdag den Nonnenschleier entgegenzunehmen, und wandte sich an Willigis. Denn sie hielt es für unter ihrer Würde, von einem Bischof

[59] 954–984.
[60] Erzbischof von Mainz (954–968).
[61] Hatto II. von Mainz (968–970).
[62] Rupert von Mainz (970–975).
[63] 975–1011.

geweiht zu werden, der nicht das Pallium[64] trug. Willigis sagte gerne zu, ohne dabei zu überlegen, wie sehr er dadurch altbewährte Kirchengesetze verletzte. Auch bat er nicht in brüderlicher Liebe um die Erlaubnis zur Einreise, sondern befahl seinem Bruder und Mitbischof kurzerhand, er solle zur Einkleidung der Nonnen am Fest des Evangelisten Lukas[65] mit ihm zusammentreffen.

Osdag fragte nun den Erzbischof bei passender Gelegenheit unter vier Augen, mit welcher Berechtigung er so handele. Darauf antwortete ihm der Erzbischof mit drohendem Blick und gereizten Worten, das Kloster Gandersheim gehöre zu seiner Diözese. Zugleich betonte er, daß er an dem festgesetzten Tag die Nonnen einkleiden und die volle bischöfliche Gewalt über diesen Ort an sich ziehen werde. Als man nun an diesem Tag zusammenkam, widersetzte sich Bischof Osdag dem Erzbischof mit ganzer Kraft. Dies geschah in Gegenwart König Ottos III. und seiner kaiserlichen Mutter Theophanu sowie der Bischöfe Rethar von Paderborn, Milo von Minden, Hildebald von Worms und anderer Fürsten, die sich zur feierlichen Einkleidung der Nonnen eingefunden hatten. Als der Streit sich nun lange hinzog, ließ Bischof Osdag, offen und einfach wie er war, auf göttliche Eingebung seinen Bischofsstuhl auf der Rückseite des Altars aufstellen, um auf diese Weise den Ort und seine Regierungsrechte zu verteidigen. Fast alle standen auf der Seite des Bischofs, weil ihnen die anmaßende Art des Erzbischofs Willigis mißfiel, auch wenn sie es aus Furcht vor ihm nicht offen zeigten.

So sah sich der Erzbischof von der Gunst der Mehrheit im Stich gelassen. Er, der zuvor so sehr auf seinem Recht

64 Pallium: Weißwollene, mit sechs schwarzen Kreuzen verzierte Schulterbinde; liturgisches Amtszeichen der residierenden Erzbischöfe, das vom Papst verliehen wird.
65 18. Oktober, Jahreszahl unbekannt.

bestanden hatte, konnte nur mit Mühe und indem er selber in schier unglaublicher Weise darum bat, erreichen, daß Theophanu und die Bischöfe für ihn eintraten, so daß er an diesem Tag am Hauptaltar die Messe feiern durfte. Die Einkleidung Sophias jedoch sollten beide Bischöfe zugleich vornehmen, während die Einkleidung der übrigen Nonnen von Osdag allein durchgeführt werden sollte. So erlebte man das ungewöhnliche und von uns bisher noch nie gesehene Schauspiel, daß zwei Bischöfe, festlich gekleidet in ihren bischöflichen Gewändern, gleichzeitig an der Seite des Altares thronten.

Als man nun zur Weihe der Nonnen kam, stand Bischof Osdag, der zuvor sein bischöfliches Recht schon verloren zu haben schien, gestärkt durch Gottes Hilfe plötzlich auf und fragte während der Feier der hl. Messe zunächst den König mit respektvollen Worten, ob er in die Einkleidung seiner Schwester einwillige; dann fragte er auch ihre übrigen Vormünder. Nachdem alle ihre Zustimmung gegeben hatten, fragte er zuerst Sophia, ob sie dem Hildesheimer Bischofsstuhl, ihm selbst und seinen Nachfolgern absoluten Gehorsam versprechen wolle. Dann fragte er dies auch die anderen, die in den Ordensstand aufgenommen werden wollten. Alle versprachen, gehorsam zu sein und sich an die Regeln des Klosters zu halten. Nun wurde dem gesamten Klerus und dem Volk öffentlich mitgeteilt, daß der Erzbischof keine Rechte an dieser Kirche beanspruche, außer denen, die der Bischof von Hildesheim ihm zugestehe und genehmige.

Nachdem alles ordnungsgemäß erledigt worden war, ging man in Frieden und bestem Einvernehmen auseinander. Diese Eintracht hatte Bestand während der Amtszeit Osdags und Gerdags[66] und auch noch einige Jahre zu Zeiten

[66] Bischof von Hildesheim (990–992).

Bernwards. So weihte Bernward im Gandersheimer Gebiet einige Kirchen in Gegenwart des Erzbischofs ein; ebenso veranstaltete er dort eine große Synode, wobei auch König Otto III. zugegen war und Erzbischof Willigis den Beisitz hatte. Willigis faßte keine Beschlüsse aus eigener Machtbefugnis, sondern gab genauso wie alle anderen Bischöfe Bernward, der den Vorsitz führte, seine Zustimmung. An der Synode nahmen teil: Erzbischof Islar von Magdeburg, Erzbischof Liudolf von Trier, Bischof Milo von Minden, Bischof Hildebald von Worms und Bischof Hugo von Zeitz.

Aber diese Eintracht war nicht von langer Dauer, denn es ereigneten sich Dinge, die der wachsenden Zuneigung durch Unaufrichtigkeiten ein Ende bereiteten.

14. Sophia, die Tochter Kaiser Ottos II., wird Bernwards Feindin

Sicher gilt es heutzutage als gehässig, über jemanden die Wahrheit zu schreiben, so wie es schon bei Terenz heißt: „Die Wahrheit erzeugt Haß."[67] Dennoch machen sich Schriftsteller schuldig, wenn sie Lügen wiedergeben oder die Wahrheit unterschlagen. Daher mag mir erlaubt sein zu sagen, was ich nicht verschweigen darf:

Das weithin berühmte Kloster der Dienerinnen Gottes war vom Enthusiasmus und der Frömmigkeit der führenden Männer unseres Vaterlandes, von Herzögen und Königen sowie von Altfried und seinen Nachfolgern, geprägt: ein blühendes Vorbild in Bescheidenheit und Liebe! Die Nonnen gehorchten ihrem Bischof, den Gott ihnen zum Vorgesetzten gegeben hatte; sie verehrten und liebten ihn

[67] Terenz, Andria I, 1,41.

wie einen Boten Gottes und Vater. Alle, die zu ihnen kamen, nahmen sie mit außergewöhnlicher Güte auf – so, wie es einem jeden angemessen war. Das war ihr Brauch, das war ihr Anliegen, das verschaffte dem Kloster Ansehen und ihnen selbst die Zuneigung aller Menschen. Wenn sie in kirchlichen Angelegenheiten an den Hof gerufen wurden, erschienen sie in schlichter, fast abgetragener Kleidung. Gerade wegen dieses Vorrechts, das ihnen ihre Bescheidenheit einbrachte, wurden sie von allen für die wahren Dienerinnen Gottes gehalten und verehrt.

Später aber machten sich Luxus und Überfluß breit, Zügellosigkeit breitete sich aus, der Gehorsam ließ nach, die Achtung vor den Bischöfen ging verloren: Jede machte, was sie wollte. Dieses Übel wurde noch vergrößert durch die langwierige Krankheit Gerburgs, der besonders ehrwürdigen Mutter dieses Klosters. Ihr hatte der Herr viele vorzügliche Eigenschaften verliehen. Weiter kam der Tod der Schwestern hinzu, die noch nach den alten Grundsätzen erzogen worden waren. Zahlreich aber waren die jungen Schwestern, die in den Orden eingetreten waren. Sie wuchsen anspruchsvoller auf, sahen den Sinn der alten Grundsätze und Strenge nicht mehr ein und rückten später – wie die Menschen nun mal sind – von ihren Gelübden ab.

Auch Sophia begab sich gegen den Willen und gegen den heftigen Widerstand Gerburgs unter dem Einfluß des Erzbischofs Willigis an den Kaiserhof. Dort blieb sie ein, zwei Jahre, führte ein ausgelassenes Leben und ließ allerlei Gerüchte über sich aufkommen.

Dies konnte der ehrwürdige Bischof Bernward nicht ertragen, zumal er ihr immer aufrichtige Liebe und Zuneigung entgegengebracht hatte. Deshalb versuchte er, sie mit behutsamen Ermahnungen zur Rückkehr ins Kloster zu bewegen. Weil sie aber nach außen hin kaum auf ihn hörte, forderte er sie immer wieder eindringlich, doch freundschaftlich auf, in ihr Kloster zurückzugehen. Anfangs ging sie ihm aus dem Weg, dann – als ob sie Schutz vor ihm nötig hätte – flüchtete sie sich zum Erzbischof. Mit bitteren Reden hetzte sie ihn gegen Bernward auf. Das Versprechen, das sie bei ihrer Einkleidung gegeben hatte, erklärte sie einfach für ungültig, indem sie betonte, sie habe von ihm, dem Erzbischof, nicht vom Bischof von Hildesheim den Schleier empfangen. Auch habe ihr der Bischof Bernward überhaupt nichts zu sagen, denn schließlich gehöre das Kloster Gandersheim zur Diözese des Erzbischofs. Daß dies der Wahrheit entspreche, könnten alle möglichen Leute bestätigen.

Mit solchen und ähnlichen Reden wiegelte sie den Erzbischof schwer gegen Bernward auf. Danach kehrte sie nach Gandersheim zurück und verbreitete unter den Nonnen verschiedene Gerüchte über Bischof Bernward. Mit aller Kraft versuchte sie, ihn vom Kloster fernzuhalten und ihn bei den Nonnen schlechtzumachen.

15. Unfreundlicher Empfang für Bischof Bernward im Kloster Gandersheim

Inzwischen bemerkte der Bischof, was gegen ihn im Gange war, und kam nach Gandersheim[68]. Hier mußte er zu seinem Bedauern erleben, daß man ihn kühl empfing und ihm nichts von der Liebe und Achtung entgegenbrachte, die man seinen Vorgängern erwiesen hatte, sondern daß man ihn wie einen auswärtigen Bischof behandelte. Und all das, obwohl dieses Kloster von seinen Vorgängern unzählig viel Gutes erfahren hatte; auch die ihnen zustehenden Zehnten hatten die Bischöfe mehrfach in früherer und jüngster Zeit dem Kloster übertragen. Solche Vergünstigungen wurden ihm jetzt mit Respektlosigkeit und Rechtsverletzungen gedankt.

[68] Im Jahr 1000.

Die Abgaben, die für die Zehnten vom Kloster entrichtet werden mußten, wurden heruntergesetzt, oft auch in betrügerischer Weise ganz verweigert.

Bernward redete eindringlich auf die Nonnen ein, den Gehorsam, der Gott das liebste Opfer sei, demütig auf dem Altar ihres Herzens darzubringen. Er persönlich könne zwar alles geduldig ertragen, sie sollten sich aber in acht nehmen, nicht in seiner Person Christus zu beleidigen, als dessen Stellvertreter er handele. Was sie ihm selbst antäten, wolle er als verdiente Strafe hinnehmen, daß aber Gehorsam, Liebe und Achtung, so wie sie seinen Vorgängern von ihren Vorgängerinnen entgegengebracht worden seien, durch von ihm verschuldete Nachlässigkeit mißachtet werden – das könne er wirklich nicht dulden. Obwohl er dies in väterlicher Absicht gesagt hatte, haßten sie ihn nur noch mehr, wozu sie von ihren Sünden getrieben wurden. Sophia ließ nicht locker, sowohl den Erzbischof als auch die Mitschwestern gegen Bernward aufzuwiegeln.

16. Neue Kränkungen

Nun aber stand der Tag bevor, an dem auf Wunsch Gerburgs die Kirche, die sie hatte erbauen lassen, geweiht werden sollte. Weil sie aber durch ihre langwierige Krankheit geschwächt war, konnte sie persönlich die Vorbereitungen zu diesem großen Fest unmöglich treffen. Deshalb hatte Sophia diese anstrengende Aufgabe übernommen. Erwartungsgemäß übergingen sie dabei den eigenen Bischof und stießen ihn vor den Kopf: Der Erzbischof wurde herbeigeholt, und unter seiner Leitung wurden alle Vorbereitungen zur Weihe getroffen. Als Tag für die Weihe bestimmten sie das Fest der Kreuzerhöhung[69]. Von seiten der Äbtissin

[69] 14. September.

wurde aber auch ein Bote zu Bernward geschickt, um ihn zur Weihe einzuladen und ihm den Termin mitzuteilen. Obwohl von mehreren Seiten die Art der Einladung des Erzbischofs als Eingriff in Bernwards Rechte kritisiert wurde, nahm er es gelassen hin und versprach, am vorgesehenen Tag zu kommen.

Inzwischen änderte der Erzbischof – man weiß nicht, aus welchem Grund – seinen Entschluß, sagte den Termin ab und verlegte die Weihe auf das Fest des heiligen Apostels Matthäus[70]. Zu Bernward schickte er – genauso selbstherrlich wie einst bei Sophias Einkleidung zum ehrwürdigen Osdag – eine Abordnung und ließ ihm ausrichten, er solle sich am letztgenannten Termin unverzüglich bei ihm zur Weihehandlung einfinden. Daraufhin schickte Bernward seinerseits einen Boten mit einem Schreiben zum Erzbischof. Er teilte ihm mit, er sei durch kaiserliche Aufträge verhindert, habe wichtige anderweitige Verpflichtungen und könne gerade an diesem Tag nicht zur Weihe bei ihm erscheinen, wie es befohlen sei.

17. Eklat am Fest der Kreuzerhöhung

Am Fest der Kreuzerhöhung kam Bernward dennoch nach Gandersheim, um die Kirche einzuweihen, wie es die Äbtissin anfangs angeordnet hatte. Er fand nichts vorbereitet. Im Gegenteil, er traf auf eine Ansammlung von Leuten, die ihm Widerstand leisten und ihn mit Schimpf und Schande davonjagen sollten, wenn er etwa mit seinen Anhängern gewaltsam versuchen sollte, die Kirche zu weihen. Dieses Gerücht hatte man nämlich verbreitet, obwohl er bei Gott nichts derartiges vorhatte oder auch nur daran dachte. Die Nonnen waren nämlich schon völlig auf seiten des Erz-

---

[70] 21. September.

bischofs und hatten sich und ihr Kloster unter seinen Schutz gestellt. Sophia war ständig an dessen Seite, wohnte bei ihm und setzte sich Tag und Nacht für ihre Sache ein.

Trotz der heftigen Entrüstung der Schwestern feierte Bischof Bernward dort an diesem Tag die heilige Messe und forderte die Schwestern auf, die Opfergaben darzubringen und den Segen zu empfangen. Sobald das Volk von der Ankunft seines Bischofs gehört hatte, strömte es wie zu einem Fest zusammen. Es war betrübt und unglaublich aufgebracht darüber, daß der Bischof durch die Unverschämtheit und den Ungehorsam der Nonnen von hier verdrängt werden sollte. Die Anwesenden und alle, die hinzukamen, trösteten Bernward mit treffenden Worten. Mit Tränen in den Augen erinnerte er in aller Öffentlichkeit daran, daß er für diesen Tag zur Kirchweihe eingeladen worden sei, daß man ihm aber nicht die geringste Ehre erwiesen, sondern ihn vielmehr ausgeschlossen habe. Daher verbot er kraft des kanonischen Rechts jedem, ohne seine Zustimmung die Kirche zu weihen, was allein ihm zustünde.

Dadurch wurde die Wut der ohnehin schon aufgebrachten Schwestern weiter angeheizt: Bei der Opferung warfen sie voller Entrüstung dem Bischof ihre Gaben in unglaublicher Wut vor die Füße und beschimpften ihn aufs übelste. Durch diesen unerhörten Vorfall tief erschüttert dachte der Bischof unter Tränen zwar nicht an das ihm angetane Unrecht – dem schenkte er kaum Beachtung –, sondern beklagte vielmehr nach dem Vorbild des wahren Hirten, der für seine Verfolger betet, nur die Bosheit der tobenden Frauen. So kehrte er zum Altar zurück und beendete in tiefer Betroffenheit den Gottesdienst nach der gewohnten Weise. Dann sprach er zum Volk, machte ihm Mut und segnete es. Unter dessen Ehrengeleit kehrte er dorthin zurück, von wo er gekommen war.

Wie würdig verhielt sich doch dieser Mann, wie müßte er von allen gefeiert, wie von allen in innigster Liebe verehrt werden! Unglaublich niedrig schätzte er sich selbst ein, vor Gott aber, der in die Herzen schaut, und vor den Gläubigen stand er wahrhaft erhaben da. Wer hätte geglaubt, daß er sich angesichts seiner hohen Bischofswürde, seiner adeligen Herkunft und seiner zahlreichen Diener lieber mit Geduld als mit Gewalt wappnete? Aber dieser Mann Gottes machte sich nichts daraus, von Menschen mißachtet zu werden, weil er sich ganz der Liebe Gottes anvertraut hatte und nur darauf bedacht war, dem zu gefallen, den er über alles liebte.

Dies wollte ich als Beispiel großartiger Demut hier einfügen, um es den Lesern zur Nachahmung zu empfehlen. Jetzt aber will ich mit der Erzählung fortfahren.

18. Erzbischof Willigis erscheint zur Kirchweihe in Gandersheim

Den ganzen organisatorischen Rahmen, der für die Weihe der neuen Kirche notwendig war, bereiteten der Erzbischof und Sophia inzwischen sorgfältig vor, ohne den Bischof Bernward zu fragen. Gerburg hätte wohl versucht, ihn einzubeziehen, aber sie fürchtete den Erzbischof und wagte nicht, sich seinen Wünschen zu widersetzen. Außerdem kam der Erzbischof am Vortag des Festes des hl. Matthäus[71] zum Kloster, um am folgenden Tag die Kirche zu weihen. Mit ihm kamen Rethar, Bischof von Paderborn, Berengar, Bischof von Verden, auch der Herzog Bernhard[72] und viele andere.

Auch zu Bischof Bernward wurden Boten geschickt, um ihn zu dieser kirchlichen Feierlichkeit einzuladen. Am folgenden Tag jedoch erschien frühmorgens in Stellvertretung

[71] Am 20. September 1000.
[72] Bernhard von Sachsen (973–1011).

unseres Herrn der ehrwürdige Bischof Eggehard[73] mit den Ältesten unseres Domkapitels und einigen führenden Persönlichkeiten aus unserem Stift. Sie erhielten die Erlaubnis vorzusprechen und begrüßten den Erzbischof mit ganzer Ehrerbietung und in pflichtgemäßem Gehorsam im Namen des Bischofs Bernward. Jener sei aufgrund einer Gehorsamspflicht gegenüber dem Kaiser verhindert; er müsse sich jedoch sehr wundern, daß in seiner Diözese eine Kirchweihe ohne sein Einverständnis angekündigt werde – und dies in einer Kirche, die ohne jeden Widerspruch und ohne Unterbrechung im Besitz seiner Vorgänger gewesen sei. In brüderlicher Liebe bitte Bernward ihn darum, diese überfallartige Besitznahme zu beenden und sich nicht außerhalb des kirchenrechtlich erlaubten Rahmens einzumischen. Oder beruhe sein außergewöhnlicher Rechtsanspruch seiner Ansicht nach auf einem bestimmten Privileg? In diesem Fall werde er selbst es sich nicht entgehen lassen, an jedem beliebigen Ort seiner Wahl gemeinsam mit den Brüdern zu beraten und Gerechtigkeit ohne jede Einschränkung durchzusetzen.

Dies steigerte noch den Zorn des Erzbischofs, und er befahl, Bernward solle sich beeilen und in den Morgenstunden des folgenden Tages[74], eines Sonntags, unverzüglich zur Weihe der Kirche erscheinen. Andernfalls werde er auch ohne ihn die Kirche weihen.

Dieses zornige und ungehaltene Benehmen des Erzbischofs gegenüber unserem ehrwürdigen Bischof hatte seine Ursache in dem ganz besonders innigen Verhältnis, durch das der Kaiser in außergewöhnlich liebevoller und vertrauter Weise seine Achtung vor Bernward zeigte. Denn durch

---

[73] Eggehard von Schleswig; er war durch die heidnischen Slawen aus seinem Bistum vertrieben worden und lebte bis zu seinem Tod (1026) im Exil zu Hildesheim.

[74] 22. September 1000.

einen Gehorsam, der an Selbstlosigkeit nicht zu überbieten war, hatte er den Kaiser für sich gewonnen, weil er mit hellwacher Aufmerksamkeit alles tat, wovon er wußte, daß es zum Wohl des Kaisers beitrug. Hierdurch zog er den Haß und den Neid vieler Menschen auf sich, in erster Linie den des Erzbischofs von Mainz, der es nicht ertragen konnte, daß neben ihm noch jemand eine vertrauliche Position beim Kaiser besaß.

Bernward verhindert die Kirchweihe

Am Sonntag also erschien frühmorgens der bereits erwähnte Bischof Eggehard mit den ehrwürdigen Ältesten unseres Domkapitels in Stellvertretung unseres Herrn. Sie widersetzten sich entschlossen dem Vorhaben des Erzbischofs, indem sie auf die Gültigkeit des Kirchenrechts und auf eine überlieferte Verfahrensweise hinwiesen; und so wurde die Weihe der Kirche verhindert.

Der Erzbischof[75] hielt während der Feier der hl. Messe eine Ansprache an das Volk, verkündete, daß er zwei Tage vor dem Fest des hl. Andreas eine Synode abhalten werde, und bekräftigte dies mit seinem Bann. Dann ging er zum Altar zurück, setzte sich auf den Bischofsstuhl und ließ einige bis dahin unbekannte Privilegien verlesen. Diese besagten, daß niemand den rechtmäßigen Besitz dieser Kirche antasten dürfe, sei es Zehnten, Landbesitz oder sonstige Wertgegenstände. Auch dies bekräftigte er mit seinem Bann. Dann ging man auseinander. Die anwesenden Bischöfe waren äußerst erbittert über die anmaßende Art des Erzbischofs und ließen ihren Bruder und Mitbischof durch uns wissen, sie könnten den Erzbischof in seinem

[75] Willigis.

hartnäckigen und rücksichtslosen Vorgehen nicht bremsen. Die einzige Möglichkeit sehe man darin, daß Bernward sich an Papst und Kaiser wende; seine Sache sei ihr gemeinsames Anliegen; und sie wollten es sich nicht entgehen lassen, über eben diese Vorkommnisse an beide, Papst und Kaiser, zu schreiben.

19. Bernward reist zu Papst und Kaiser nach Rom

Bernward, unser ehrwürdiger Vater, war außerordentlich besorgt darüber, daß diese wenn auch nur unbedeutende Spaltung in der Kirche um sich griff. Er wußte auch, daß die vergiftete Atmosphäre nur durch eine Initiative seitens des Papstes und des Kaisers bereinigt werden könne. Bernward litt zwar recht häufig unter ernster Krankheit, und eine solche Reise war in jeder Hinsicht nachteilig für seinen geschwächten Körper. Aber dies spielte für ihn keine Rolle. Er entschloß sich, diese Reise anzutreten, um den Frieden wiederherzustellen. Ein weiterer Grund lag darin, daß er schon seit langem in ganz besonderer Weise den Wunsch verspürte, seinen einzig geliebten Kaiser wiederzusehen. Er ließ also die für eine so lange Reise notwendigen Vorbereitungen treffen und wählte den Weg durch das Tal von Trient, da diese Route nicht ganz so beschwerlich schien. Er hatte Briefe von allen Bischöfen diesseits der Alpen bei sich. Im Jahre 1000 nach Christi Geburt verließ er am 2. November das Domstift; das ganze Domkapitel und auch das Volk war traurig, und alle gaben ihm mit großer Anteilnahme das Geleit. Von Gottes Gnade begleitet, verlief die Reise nach Wunsch, so daß er am 4. Januar[76] in Rom ankam.

---

[76] 1001.

Als der sehr fromme und demütige Kaiser dies hörte, war er beglückt, seinen geliebten Lehrer wiederzusehen. Er ließ es nicht zu, daß Bernward sich zu ihm bemühte, und eilte ihm von seinem Palast aus fast zwei Meilen weit bis zur Kirche des hl. Petrus entgegen. Er hieß ihn mit größter Liebe willkommen, umarmte und küßte ihn als einen sehr vertrauten Freund und begleitete ihn in seine Wohnung. Dort unterhielt er sich noch lange mit ihm und bat ihn, am folgenden Tag zum Palast zu kommen. Auch ließ er Bernward nicht einmal den geringsten Teil seines Unterhaltes auf eigene Kosten bestreiten. Nein, er verfügte, ihn und seine Begleiter für die Dauer ihres Aufenthaltes, sechs Wochen lang, reichlich und großzügig mit allem, was sie brauchten, zu versorgen.

Frühmorgens[77] aber lud der Kaiser den Papst[78] für ein Treffen mit dem hochgeschätzten Gast ein. Als Bernward nun kam, schritten sie ihm vor der Vorhalle entgegen und begrüßten ihn ausgesprochen herzlich. Und sie ließen ihn auch nicht in seine Wohnung zurückgehen; nein, direkt neben seiner eigenen Wohnung stellte der Kaiser ihm eine prachtvolle Wohnung zur Verfügung. Sie setzten sich nun mal in der Wohnung des Kaisers, mal in der des Bischofs zusammen und erörterten juristische und staatspolitische Angelegenheiten. Durch eine vorauseilende Nachricht nämlich war schon vor der Ankunft des Bischofs alles über den Erzbischof und den Gandersheimer Streit bekannt geworden. Deshalb konnte Bernward auf Einzelheiten verzichten und in aller Kürze auf wenige Nachfragen des Kaisers antworten.

---

[77] 5. Januar.
[78] Silvester II. (999–1003).

20. *Bischof Eggehard von Schleswig tritt für Bernwards Rechte ein*

Der Erzbischof aber hatte seine Absichten in die Tat umgesetzt. Die treibende Kraft nämlich waren einige böse Menschen, allen voran Sophia, die ihn nicht mehr zur Ruhe kommen ließ. Er kam also zwei Tage vor dem Fest des hl. Andreas[79] nach Gandersheim, um die angekündigte Synode abzuhalten. Mit ihm kamen der ehrwürdige Bischof Rethar von Paderborn und mehrere Auswärtige aus Thüringen und Hessen, die diese Angelegenheit überhaupt nicht betraf, aber auch einige Sachsen aus seiner Diözese. Gleich zu Beginn der Verhandlung richtete der ehrwürdige Bischof Eggehard mahnende Worte an den Erzbischof: Er solle darauf verzichten, die Synode fortzuführen; und überhaupt solle er sich in einer fremden Kirche nicht solches anmaßen, zumal der hier zuständige Bischof abwesend sei und den Streitfall mit Papst und Kaiser erörtere.

Hierauf wurde der Erzbischof von einem unvorstellbaren Wutanfall ergriffen; mit finsterer Miene und drohendem Blick verbot er Eggehard den Mund. Er habe mit der ganzen Sache nichts zu tun, und er solle sich doch um seine eigene Kirche kümmern und die regieren. Eggehard erwiderte: „Aufgrund unserer Sünden ist mein Bistum von wilden Barbaren verwüstet worden, meine Stadt ist verlassen, meine Kirche existiert nicht mehr. Ich habe also keinen eigenen Bischofssitz mehr und bekenne mich nun als Diener der hl. Maria und der Hildesheimer Kirche. Und so will ich uneingeschränkt meine ganze Kraft in den Dienst dieses geweihten Ortes stellen."

Der Erzbischof ließ nun einige Männer vorführen, die er selbst mitgebracht hatte, und fragte die Bischöfe, ob er diese

[79] 28. November 1000.

unter Strafe des Bannes zu einer eidesstattlichen Erklärung darüber zwingen dürfe, zu welcher Diözese dies Kloster hier gehöre. Jene fürchteten zwar seinen Zorn, erklärten aber dennoch, daß dies ohne den Bischof Bernward nicht auf rechtlicher Basis geschehen könne.

Daher baten der Bischof Eggehard, unsere Brüder und auch das Volk den Erzbischof inständig, auf die eidesstattlichen Erklärungen zu verzichten. Der Erzbischof war über dies einmütige Auftreten von Klerus und Volk sehr aufgebracht und drohte dem Eggehard: Wenn er nicht schweige, werde er ihn mit Schimpf und Schande hinauswerfen lassen. Hierüber waren nun viele empört, auch einige, die der Erzbischof selbst mitgebracht hatte. Als es fast zu einem Tumult kam, verließ Eggehard auf Bitten der Bischöfe die Versammlung. Alle Gandersheimer und alle, die zur Hildesheimer Diözese gehörten, lud er nun unter Strafe des Bannes zu einer eigenen Synode. Einmütig gingen alle hinaus und folgten ihm, so daß beim Erzbischof lediglich die Leute zurückblieben, die er selbst mitgebracht hatte.

Als sie nun unter Eid über die Diözese befragt wurden, behaupteten die einen, die Eder bei Fritzlar sei die Grenze des Hildesheimer Bistums; hier lag eine Verwechslung mit der Ederna[80] vor, die in der Nähe von Gandersheim fließt. Andere sagten aus, ihre Kenntnis des Sachverhaltes sei nicht zuverlässig, und sie wüßten nur einiges vom Hörensagen. Nicht ein einziger machte eine Aussage, die man erwähnen müßte. Dennoch verhielt sich der Erzbischof so, als ob wahrheitsgemäße Übereinstimmung auf der ganzen Linie erzielt worden sei. Er bekräftigte mit seinem Bann, daß niemand ihm das Kloster streitig machen dürfe, da es ihm ja durch die eidesstattlichen Erklärungen zugesprochen sei. Und so ging man in selbstgewünschtem Irrtum auseinander.

---

[80] Bach, der unweit von Gandersheim in die Gande mündet.

Das Volk aber hielt sich gehorsam an alles, was vom Hildesheimer Domkapitel angeordnet wurde.

21. Reaktionen aus Rom

Inzwischen wurde ein Bote nach Rom geschickt, um unserem Bischof die Vorkommnisse zu berichten. Der Bote überbrachte auch dem Papst und dem Kaiser Briefe, die von sehr trauriger Stimmung geprägt waren. Papst und Kaiser waren gleichermaßen wie alle Römer tief erschüttert: Dies sei ein Verstoß gegen kirchenrechtliche Bestimmungen ebenso wie gegen die Tradition der Väter; auch sei eine solche Anmaßung eine schwere Beleidigung für den römischen Stuhl und den Papst, ebenso für den Kaiser. Durch ein so unerhörtes Verhalten könne in der Kirche ein gefährliches Ärgernis entstehen; ein solches Gift müsse man von Grund auf beseitigen.

22. Die Synode zu Rom bestätigt Bernwards Rechte

Beim Kaiser hielt sich zur selben Zeit[81] auch Heinrich[82] auf, der ganze Stolz des Reiches, den der Herr mit allen Fähigkeiten der göttlichen und menschlichen Weisheit beschenkt hatte. Heinrich war damals ein Herzog von großer Macht, kurze Zeit später aber König durch Gottes Gnaden. Er hatte den Gandersheimer Streit schon immer als bedrückend empfunden und setzte sich entschlossen dafür ein, den Frieden in der Kirche wiederherzustellen und dic Diener Christi zur Liebe und Versöhnung zu führen. Durch seinen Rat also

---

[81] Januar 1001.

[82] Damals Herzog von Bayern, später König Heinrich II. (1002–24).

und durch den gemeinsamen Vorschlag von Klerus und Volk kam es zu einer Synode von zwanzig Bischöfen aus der Umgebung Roms. Es waren auch einige aus Italien und der Toskana anwesend, weiterhin von den Unsrigen Siegfried von Augsburg, Heinrich von Würzburg und Hugo der Jüngere von Zeitz.

Die Versammlung fand in der Vorhalle der Kirche des hl. Märtyrers Sebastian statt; den Vorsitz führte Papst Gerbert[83] gemeinsam mit dem Kaiser. Die Funktion des Beisitzers erfüllten weiterhin der hochverdiente, sehr friedliebende Herzog Heinrich und die Äbte. Um die Versammlung herum standen auch Priester, Diakone und alle römischen Domherren höheren Ranges.

Zu Beginn der Verhandlung also wurde aus den Evangelien gelesen, dann einige Kapitel aus den Vätern. Als dann der Segen erteilt worden war und man Platz genommen hatte, erhob sich der ehrwürdige Bischof Bernward von seinem Platz und trat einen Schritt vor. Ohne sich selbst wichtig zu machen, legte er nun in ausgefeilter Rede dem Papst, dem Kaiser, dem Herzog Heinrich und der ganzen Synode den Sachverhalt in seiner Kirche dar. Alle waren sehr bewegt von seiner Klage. In seiner Weisheit fragte nun der Papst die Anwesenden, ob die Versammlung, die der Erzbischof mit seinen selbst herbeigebrachten Leuten abgehalten habe, überhaupt als Synode gelten oder bezeichnet werden könne, oder wie man ein solch unbedeutendes Treffen sonst nennen solle. Er wies darauf hin, daß diese Versammlung in einer Kirche stattfand, die immer im Besitz der Bischöfe von Hildesheim gewesen sei. Und besonders gab er zu bedenken, daß der zuständige Bischof abwesend war und mit eben diesem Streitfall vor den römischen Stuhl gekommen sei.

---

[83] Silvester II.

Die heilige Versammlung bat nun, sich zu einer geheimen Beratung hierüber zurückziehen zu dürfen, und der gottesfürchtige Papst genehmigte es. Daraufhin zogen sich nur die römischen Bischöfe zurück. Als sie wenig später hereinkamen und wieder Platz genommen hatten, fragte sie der weise Papst: „Wie lautet euer Beschluß über die Synode, Brüder?"

Die Antwort der ehrwürdigen Versammlung lautete: „In einer fremden Kirche, die anderen gehört, hatte er kein Recht. Ohne die Zustimmung des zuständigen Bischofs war er weder nach dem Kirchenrecht befugt, dort eine Synode abzuhalten oder etwas zu bestimmen, noch wird man auf irgendeine Weise nach dem Kirchenrecht von einer Synode sprechen können." Der weise Papst fragte: „Wie kann man sie also zutreffend bezeichnen?" Die ehrwürdige Versammlung antwortete: „Eine Tat, die zur Spaltung führt und Zwietracht verursacht." Der weise Papst fuhr fort: „Ist zu verwerfen, was dort geschah?" Die ehrwürdige Versammlung erwiderte: „Mit der Autorität des Kirchenrechts und der heiligen Kirchenväter ist abzuweisen, was dort herausgefunden oder beschlossen worden ist."

Der weise Papst stellte fest: „Mit apostolischer Vollmacht und der Autorität der heiligen Kirchenväter erklären wir das für aufgelöst, entkräftet, null und nichtig, was in Abwesenheit unseres Bruders und Mitbischofs in Gandersheim im Bereich seiner Diözese von Erzbischof Willigis und seinen Helfern herausgefunden und unter Eid beschlossen worden ist." Und er fügte noch hinzu: „Unser Bruder und Mitbischof Bernward bittet darum, daß ihm das vom Erzbischof entzogene Besitzrecht erneut verliehen werde. Was beschließt ihr, Brüder?" Die ehrwürdige Versammlung gab zur Antwort: „Es ist nicht notwendig, ihm das Besitzrecht zurückzugeben, das ihm der Erzbischof nicht entziehen konnte; aber da er selbst darauf dringt, so möge ihm, wenn der Kaiser zustimmt, das Besitzrecht durch den Stab eurer apostolischen Vollmacht erneut gegeben und bestätigt werden!“

Der weise Papst sprach: „Es soll nach eurem Wunsch geschehen.“ Und er überreichte Bernward den apostolischen Stab mit den Worten: „Das Kloster Gandersheim mit den benachbarten Ortschaften und Ländereien gebe ich erneut in deine Rechtsgewalt und bestätige sie; und mit der Autorität der heiligen Apostel Petrus und Paulus verbiete ich, daß irgend jemand dich dabei behindert, außer soweit es kirchenrechtliche Bestimmungen zulassen.“

Nachdem dies abgeschlossen war, fragte der Papst die Versammlung, was man tun solle. Die Antwort lautete: Wenn beide Oberhäupter darin übereinstimmen, solle man dem Erzbischof einen schriftlichen Tadel erteilen, daß er sich trotz seiner herausragenden Würde auf ein so verwegenes Unternehmen, das im Widerspruch zum Kirchenrecht und den Grundsätzen der Kirchenväter stehe, eingelassen habe. Zugleich solle man ihn auffordern, in Zukunft keinen solchen Streit zu beginnen und sich nicht irgendwo einzumischen, außer wenn es kirchenrechtlich gestattet sei.

Die Synode zu Pöhlde wird festgesetzt

Auch sei den Bischöfen in Sachsen eine Synode anzukündigen; ebenso sei ein Stellvertreter von seiten des Papstes zu bestimmen, der den Vorsitz der Synode führen solle. Das fand Zustimmung; als Ort der Synode wurde Pöhlde[84] bestimmt, und als Tag wurde der 21. Juni festgesetzt. Friedrich, der Kardinalpriester der heiligen römischen Kirche, wurde zum Stellvertreter des Papstes gewählt. Später war er ja Erzbischof von Ravenna[85]; seiner Herkunft nach war er

[84] Krs. Osterode am Harz.
[85] 1001–1003.

Sachse. Altersmäßig war er noch ein junger Mann, recht reif jedoch in der Entwicklung seines anständigen Charakters. Er wurde entsandt, nachdem er mit päpstlicher Kleidung und den Insignien nicht weniger prachtvoll ausgestattet worden war, als träte der Papst selber auf.

23.[86] Kaiser Otto III. belagert mit Bernward als Ratgeber die Stadt Tivoli

In diesen Tagen[87] belagerte der Kaiser mit Hilfe dicht angelegter Schanzanlagen die Stadt Tivoli. Vorrichtungen und Geräte zur Einnahme der Festungswerke standen in großer Zahl zur Verfügung, auch waren Gräben von erstaunlichem Ausmaß gezogen worden, um den Wasserzufluß abzuleiten. Doch obwohl man den Bürgern hart zusetzte, konnte man sie nicht zur Aufgabe zwingen und rief den Kaiser herbei. Bald war er zur Stelle in Begleitung des Papstes und des ehrwürdigen Bischofs Bernward. Wie immer in solchen Fällen rieten die einen, die Belagerung noch intensiver anzugehen, die anderen meinten dagegen, der langwierige und aufwendige Versuch habe zu wenig erbracht, und daher sei es richtig, die Belagerung aufzugeben, wenn dies nur unter ehrenhaften Bedingungen geschehen könne. Da nahm der Kaiser Bischof Bernward beiseite und fragte, was er tun solle; es ärgerte ihn sehr, ein einmal begonnenes Unternehmen zu seiner Schande abzubrechen. Ihm antwortete Bernward: „Das lasse ich nicht zu, daß ihr euch darüber aufregt, mein lieber Herr, den ich mehr als mein Leben schätze. Gebt sofort Befehl, die Stadt noch enger zu belagern! Denn auch wenn ich mich sehne, in die Heimat zurückzukehren,

---

[86] Kapitel 23 mit 27 stehen nicht im Dresdner Kodex.
[87] Januar 1001.

so trenne ich mich doch nicht vorher von euch, als bis ich, in Pflicht vor Gott, diese Stadt und ihre Einwohner eurem Recht unterworfen sehe." Darauf dankte der Kaiser froh seinem geliebten Lehrer. Er ließ die Belagerung noch dichter schließen, bereitete die Soldaten auf die Eroberung vor und untersagte mit seiner Autorität jegliches Betreten oder Verlassen der Stadt.

Einige Tage später stellten sich Bernward und der Papst vor die Stadt. Die Bürger nahmen sie bei ihrem Eintreffen als Gottes Diener ehrenvoll auf und ließen sie mitten in die Stadt hinein. Diese gaben aber nicht eher auf, als bis sich alle – mit Hilfe der Gnade Gottes – der Rechtsgewalt des Kaisers friedlich unterworfen hatten. Am folgenden Tag gingen die Bischöfe zum Kaiser, gefolgt von einem vornehmen Triumphzug. Denn alle angesehenen Bürger der Stadt waren da, doch nackt und nur von einem Lendenschurz bedeckt, in der Rechten ihre Schwerter, in der Linken Ruten. So bewegten sie sich zum Kaiserquartier. Dem Recht des Kaisers unterstellten sie sich und ihr Eigentum ohne Einschränkungen, nicht einmal für das bloße Leben. Wen er für schuldig halte, sollte er mit dem Schwert hinrichten oder aus Mitleid nur am Pranger mit den Ruten schlagen lassen. Wenn es seinen Wünschen genüge, die Stadtmauern dem Erdboden gleichzumachen, so wollten sie alles bereitwilligst ausführen, und im weiteren Leben würden sie sich nie mehr seinen Befehlen widersetzen. Dankbar zeigte der Kaiser den Friedensstiftern, dem Papst und dem Bischof Bernward[88], seine höchste Wertschätzung, und er gewährte auf ihr Bitten hin den Schuldigen Verzeihung. Eine Beratung fand statt, und man beschloß einhellig, die Stadt nicht zu zerstören. Die Einwohner wurden wieder in die Huld des

[88] Das gleiche Verdienst der Friedensstiftung wird auch dem hl. Romuald zugeschrieben (Vita S. Romualdi, Kap. 23).

Kaisers aufgenommen und aufgefordert, sich friedlich zu verhalten und nicht wieder vom Kaiser abzufallen.

24. Aufstand der Römer – Bernward führt die Heilige Lanze

Ganz anders die Römer. Weil sie verärgert waren, daß die Einwohner von Tivoli sich mit dem Kaiser ausgesöhnt hatten, verschlossen sie die Tore ihrer Stadt und versperrten die Straßen. Niemandem wurde es erlaubt, ungehindert Rom zu betreten oder zu verlassen; auch die freie Ein- und Ausfuhr von Waren wurde untersagt. Einige von den Anhängern des Kaisers wurden sogar zu Unrecht umgebracht. Die Bewohner des kaiserlichen Palastes aber ließen sich auf die wohlwollenden Ermahnungen von Bischof Bernward hin zum Empfang des Bußsakraments bewegen. Gestärkt durch die Eucharistie in der Feier der hl. Messe, bereiteten sie sich vor, einen Ausfall zu unternehmen und die Feinde entschlossen anzugreifen. Bischof Bernward nahm die Heilige Lanze in seine Hände, stellte sich und die anderen unter den Schutz des heilbringenden Kreuzes und erteilte feierlich den Segen. Während er den anderen Mut zusprach und zur Entschlossenheit mahnte, stellte er sich selbst darauf ein, als Bannerträger mit der Heiligen Lanze in der Hand an der Spitze der Streitmacht auszubrechen. Am folgenden Morgen wurden der Kaiser und seine Leute nach der Feier der hl. Messe von dem ehrwürdigen Bischof Bernward wiederum durch die hl. Sakramente und heilsame Ermahnungen gestärkt. So zogen sie gegen die Feinde in den Kampf: in vorderster Reihe der Bischof selbst. In seiner Hand blitzte furchterregend die Heilige Lanze, in seinem Herzen aber flehte er inständig um Frieden von dem, der Urheber jedes Friedens ist. Und so kam es, daß Christus als der Friedensfürst die Bitten seines frommen Kriegers erhörte und bald

Kaiser Otto III. empfängt die Huldigung der vier Provinzen des Reiches: Roma, Gallia, Germania, Scalvinia

durch seine Gegenwart Beistand leistete. Denn schon in der Stunde seiner Geburt wurden ja zuerst die Freuden des Friedens verkündet und auch später nach der Wahrheit des Evangeliums die Friedliebenden Kinder Gottes genannt.[89]

Durch seine Gnade also wurden der Aufstand und der ganze Streit beigelegt. Die Feinde baten um Frieden, legten die Waffen nieder und versprachen, am nächsten Tag vor dem Palast zu erscheinen. Am nächsten Morgen waren sie durch Gottes Fügung auch wirklich zur Stelle, baten nochmals um Frieden, erneuerten ihren Eid und versprachen, dem Kaiser für immer die Treue zu halten.

25. Ottos Rede an die Römer, das Ende des Aufstands

Unterdessen bestieg der gottesfürchtige und friedfertige Kaiser mit einigen Begleitern einen Turm und richtete an sie eine Ansprache, in der er etwa folgendes ausführte[90]: „Hört die Worte eures Vaters, habt acht und nehmt euch das, was ich sage, wohl zu Herzen! Seid ihr nicht meine Römer? Um euretwillen habe ich mein Vaterland und meine Verwandten verlassen; aus Liebe zu euch habe ich mich von meinen Sachsen und allen Deutschen, habe ich mich von meinem eigenen Blut abgekehrt. Euch habe ich in die entlegensten Teile unseres Reiches geführt, wohin eure Väter, als sie den Erdkreis unterwarfen, niemals den Fuß zu setzen wagten. Dies tat ich nur, um euren Namen und euren Ruhm bis an die Grenzen der Erde zu tragen. Euch habe ich wie meine Söhne angenommen, euch habe ich mehr als die anderen hochgeschätzt. Euretwegen habe ich mir, weil ich euch vor

[89] Vgl. Matthäus 5,9.
[90] Die Rede ist, auch wenn sie nicht wörtlich so gehalten wurde, ein bedeutendes Zeugnis für den übersteigerten Romgedanken des jugendlichen Kaisers Otto III.

allen den Vorrang gab, den Haß und die Feindschaft der ganzen Welt zugezogen. Und für all dies habt ihr jetzt euren Vater verstoßen und meine Freunde grausam aus dem Wege geräumt. Mich habt ihr ausgeschlossen, obwohl ihr mich doch gar nicht ausschließen könnt. Denn mit väterlicher Liebe umfange ich euch und werde es niemals zulassen, daß ihr aus meinem Herzen verbannt seid. Ich kenne die Anführer des Aufstandes genau und fasse sie klar ins Auge. Sie aber schämen sich nicht, obwohl aller Augen auf sie gerichtet sind. Daß aber meine Treuesten, deren Unschuld mein Stolz ist, sich schuldig gemacht haben durch die Gemeinschaft mit den Verbrechern, von denen man sie nicht mehr unterscheiden kann, das, glaube ich, ist einfach ungeheuerlich!"

Durch diese Worte des Kaisers wurden sie ganz zu Tränen gerührt und versprachen Genugtuung. Zwei Männer, Benilo und noch ein anderer, wurden festgenommen, grausam zusammengeschlagen, nackt an den Füßen über die Treppe geschleift und halbtot in dem erwähnten Turm dem Kaiser zu Füßen gelegt.

26. Die Reliquien des heiligen Timotheus

Als dieser Aufruhr sich gelegt hatte, suchte der ehrwürdige Bernward die Kirche des hl. Paulus auf. Er wollte dort beten. Bei dieser Gelegenheit ließ er den Sarkophag des hl. Timotheus öffnen, über den in der Lebensbeschreibung des hl. Silvester[91] einiges berichtet wird. Anwesend war der Küster, den der Kaiser selbst dort eingesetzt hatte. Von dem bis dahin noch unversehrten Leichnam des hl. Märtyrers nahm er einen Arm als Reliquie heraus. Auch der ihn begleitende Priester brachte einen nicht gerade geringen Teil der Reliquien in das Lager.

---

[91] Kap. 2 und 3.

27. *Bernward kehrt nach Hildesheim zurück*

Papst und Kaiser verließen am Sonntag „Exsurge quare"[92] unter großem Wehklagen der Bürger die Stadt und schlugen nicht weit davon ein Lager auf. Schon bevor sie Rom verlassen hatten, war Bischof Bernward die Erlaubnis erteilt worden, in seine Heimat zurückzukehren. Er schickte daher all sein Gefolge voraus; in nur einfacher Kleidung gab er dann dem Kaiser noch zwei Tagesreisen das Geleit; am fünften Tag der gleichen Woche nahm er von ihm Abschied[93]. Es läßt sich nicht beschreiben, welcher Schmerz sie erfüllte und wie viele Tränen sie beide vergossen, so daß sie sich schämten, vor die Augen der Öffentlichkeit zu treten. Was der fromme Kaiser einem Schriftstück oder einem Boten nicht anzuvertrauen wagte, das offenbarte er der tiefen Verschwiegenheit seines getreuen Lehrers; dieser sollte es mit der Gabe der Weisheit abwägen und zur rechten Entscheidung bringen.

Auch Reliquien gab er ihm mit, nämlich den unversehrten Leib des hl. Märtyrers Exuperantius, des Diakons des hl. Bischofs Sabinus[94], damit er sie nach Goslar bringe und dort ordentlich an würdiger Stätte beisetze. Bischof Bernward seinerseits gab dem Kaiser mit freundlichen Ermahnungen manchen Ratschlag, so wie er es einst als Lehrer mit dem Knaben gemacht hatte. Er stellte ihm jetzt alles vor Augen, was er tun mußte, legte ihm ans Herz, die Laster zu meiden, alle Menschen nachsichtig zu beurteilen und die Geduld immer in allen Dingen als treuen Begleiter zu haben. Vor allem solle er niemals mit allzu großer Hartnäckigkeit seinen eigenen Willen durchsetzen wollen. Darauf führte der Kaiser seinen Lehrer, mit dem er sich eines Sinnes wußte,

---

[92] Sexagesima, 16. Februar 1001.
[93] 20. Februar 1001.
[94] Von Assissi, um 300 gemartert.

zur Herberge und ehrte ihn mit ausgesuchten Geschenken. Dann wurde der Papst hinzugerufen. Nachdem dieser ihm den Segen erteilt hatte, ließen sie den geliebten Lehrer unter Küssen und Tränen mit Gottes Gnade in Frieden ziehen. Sogar Reisebegleiter aus seinem eigenen Gefolge gab der Kaiser ihm mit; sie sollten mit ihm ziehen und bei ihrer Rückkehr über das Befinden des Bischofs und den guten Verlauf seiner Reise Bericht erstatten.

So gelangte er, da durch Gottes Güte alles nach Wunsch verlief, nach Pavia, wo die führenden Leute von Kirche und Staat aus ganz Ligurien seine Ankunft erwarteten. Er überbrachte Aufträge des Kaisers, setzte sich mit ihnen zur Beratung zusammen und führte viele Gespräche, welche die Interessen des Staates betrafen. Alle folgten nämlich seinem Rat, da sie wußten, welche Hochschätzung er beim Kaiser genoß. Deshalb lud ihn auch Leo, der Bischof von Vercelli, ein hochgebildeter und in der Rhetorik geschulter Mann, zu einem Besuch in seine Stadt ein und bewies ihm damit höchste Verehrung und Zuneigung. Als Bischof Leo, wenn auch nur mit Mühe, die Zusage Bernwards bekommen hatte, eilte er ihm voraus, um die Geistlichen und das Volk in großer Zahl zusammenzurufen. Alle sangen zum Lobe Gottes Psalmen, und Bernward wurde nicht weniger ehrenvoll empfangen, als wäre der Papst selbst gekommen. Zu seinem Dienst stellte der Bischof in überreichem Maße alles zur Verfügung, was nur gewünscht wurde. Zudem ehrte er ihn mit ausgesuchten Geschenken. Er gab ihm auch Begleiter mit auf den Weg, die am folgenden Tag ein Quartier für ihn ausfindig machten, das den Gästen alle denkbaren Annehmlichkeiten bot.

Von dort reiste Bernward durch verschiedene Gegenden und Städte und erlebte an vielen Orten, wie freundlich und hilfsbereit ihm sehr viele Menschen begegneten. Er überquerte die Pässe und gelangte, nachdem er so mit Gottes Hilfe die Alpen überschritten hatte, vorbei an Octodurum[95] nach Agaunum[96]. Hier wurde er von König Rudolph[97] von Burgund mit größter Herzlichkeit und Güte aufgenommen. Als Geschenk übertrug ihm dieser drei Höfe bei Pavia und bestätigte die Echtheit der Schenkung, indem er eine Urkunde darüber ausstellen ließ, die seine eigene Unterschrift und das Siegel seines Ringes trug.

Durch Gottes Gnade gestärkt zog Bernward von dort weiter. Als die ganze Reise durch Gottes Güte glücklich beendet war, hielt er unter dem größten Jubel der Geistlichkeit und des Volkes am heiligen Gründonnerstag[98] seinen Einzug in Hildesheim. Die Reliquien der Heiligen, die er mitgebracht hatte, setzte er in feierlicher Form im Dom bei. Er spendete auch riesige Geldsummen für den Altardienst und zur Unterstützung der Armen. Den ganzen Sommer über widmete er sich dann intensiv dem weiteren Ausbau der Hildesheimer Stadtmauern. Mittlerweile war seine Gesundheit aber von einem schweren Magenleiden stark beeinträchtigt.

28. Streit und Tumult auf der Synode in Pöhlde

Inzwischen traf, als Vertreter des Papstes von Rom und vom Kaiser abgesandt, der Kardinal Friedrich ein. Er war mit allen Abzeichen päpstlicher Würde geschmückt, als erschiene der Papst selbst. Er kam hoch zu Roß, der Sattel wie der eines Papstes nach römischer Sitte mit Purpur bedeckt. Gleichzeitig wurden auch den Bischöfen und den übrigen Fürsten Schreiben von Papst und Kaiser übermittelt. Sie enthielten die Aufforderung, den römischen

---

95 Martigny in der Schweiz (Kt. Wallis).
96 St. Maurice in der Schweiz.
97 Rudolf III. (993–1032).
98 10. April 1001.

Gesandten mit gebührenden Ehren zu empfangen. Alle sollten seiner Botschaft ohne Widerstreben Gehör schenken, nicht anders, als sei der Papst persönlich zugegen[99]. So kamen sie also gemäß der Weisung des Papstes am 22. Juni zu einer Synode in Pöhlde zusammen.

Das Entgegenkommen aber, mit dem man den Legaten Roms empfing, war unterschiedlich: der Erzbischof und seine Anhänger lehnten ihn mit erstaunlich offenen Äußerungen ihres Unwillens und mit Verwünschungen ab; Bischof Bernward dagegen sowie Erzbischof Lievezo von Hamburg und noch einige andere behandelten ihn mit Hochachtung und feierten ihn mit besonderen Ehrenerweisungen. Als man sich dann zur Beratung zusammensetzte, entstand ein kaum zu beschreibender Aufruhr und Tumult. Dem Vertreter des Papstes wurde nicht einmal ein angemessener Sitzplatz zugewiesen; ein lärmendes Durcheinander entstand, Recht und Gesetz wurden mißachtet, jegliche kirchliche Disziplin außer Kraft gesetzt.

Der Legat nahm endlich zwischen den Bischöfen Lievezo und Bernward Platz und gab bekannt, er habe Briefe des Papstes und eine Botschaft an die Bischöfe bei sich. Er bat, man solle ihm doch die Möglichkeit geben, seinen Auftrag durchzuführen. Nachdem endlich Ruhe eingetreten war, ermahnte er die Bischöfe zuerst mit freundlichen Worten zu Friede, Liebe und Eintracht. Dann holte er das Schreiben des Papstes hervor, das eigens an den Erzbischof gerichtet war, und bat darum, es öffentlich verlesen zu dürfen. Obwohl der Erzbischof entrüstet ablehnte, das Schreiben entgegenzunehmen oder auch nur einen Blick darauf zu werfen, wurde es auf Beschluß der Bischöfe dann doch öffentlich verlesen. In diesem Schreiben wurde der Erzbischof persönlich offen getadelt und zu brüderlicher Eintracht und Gehorsam ermahnt. Zwar vermied es der Legat

[99] Ab hier auch im Dresdner Kodex.

geflissentlich, den Erzbischof zu reizen, kraft seiner apostolischen Vollmacht forderte er ihn jedoch in ruhigem Ton auf, gehorsam und nach Beratung mit den Brüdern Genugtuung zu leisten für alles, was ihm vorgeworfen werde.

Der Erzbischof war über diese Zumutung empört, fragte aber dennoch seine Mitbrüder und vor allem Erzbischof Lievezo um Rat. Lievezo gab ihm darauf zur Antwort: da der in seinem Recht verletzte Mitbruder das Urteil unserer höchsten Herren, des Papstes und des Kaisers, erbeten habe, so scheine es ihm angebracht, daß der Erzbischof vor deren Stellvertreter der Entscheidung der Bischöfe entsprechend Genugtuung leiste.

Inzwischen wurden die Türen der Kirche aufgerissen, Menschen von der Straße drangen ein, und ein gewaltiger Lärm und Tumult breitete sich aus. Unter dem Jubel der Mainzer verlangte man nach Waffen und stieß ungeheure Drohungen gegen den Vertreter des Papstes und gegen Bischof Bernward aus. Aber diese ließen sich weder durch den Tumult einschüchtern noch durch die Drohungen erschrecken. Obwohl ihnen eine viel größere Anzahl von Soldaten zur Verfügung stand, riefen sie nicht zu den Waffen, sondern versuchten, die Empörung zu beschwichtigen. Schließlich gaben die Bischöfe den Rat, die Verhandlung auf den folgenden Tag zu verschieben, und verbürgten sich dafür, daß der Erzbischof erscheinen und sich gehorsam dem Recht unterwerfen werde.

29. Willigis verläßt die Synode, eine neue Synode wird angesetzt

Inzwischen hatte der Erzbischof wutentbrannt die Versammlung verlassen. Zusammen mit seinen Mitbrüdern folgte ihm der Legat nach und forderte ihn unter Androhung des päpstlichen Bannes auf, am folgenden Morgen zur

Synode in die gleiche Kirche zu kommen. Dies war das Ende des ersten Sitzungstages. In der Morgendämmerung des folgenden Tages aber reiste der Erzbischof mit seinen Leuten heimlich ab, ohne daß irgend jemand etwas davon wußte. Der Legat des Papstes eröffnete am nächsten Tag die zweite Sitzung der Synode und rief zu Beginn der Verhandlung den Erzbischof auf. Da dieser nicht anwesend war, suspendierte er ihn so lange von jeglicher bischöflichen Amtsgewalt, bis er persönlich vor dem Papst sein Verhalten verantworte.
Für alle Bischöfe setzte er kraft apostolischer Vollmacht eine Synode an, die zu Weihnachten und im Beisein des Papstes stattfinden sollte. An den Erzbischof aber richtete er folgendes Schreiben: ‚Du hast dich der Synode entzogen und bist gegenüber den Anordnungen des römischen Oberhirten ungehorsam gewesen. Daher wisse, daß du kraft Vollmacht der hll. Apostel Petrus und Paulus und ihres Stellvertreters, des Papstes Silvester, von jeglicher priesterlichen Amtshandlung suspendiert bist so lange, bis du vor ihm dich rechtfertigst.' So endete die zweite Sitzung der Synode.

30. Der päpstliche Legat verbrachte noch einige Zeit bei Bischof Bernward, der ihn und all seine Begleiter mit kostbaren Geschenken ehrte. Dann verabschiedete er sich in Frieden, kehrte zu Papst und Kaiser zurück und unterrichtete sie über den Verlauf der Gesandtschaft. Beide waren über das Geschehene sehr empört und gaben den Befehl, alle deutschen Bischöfe sollten in der Zeit um Weihnachten unverzüglich vor ihnen erscheinen, nicht nur zu einer Synode, sondern in Begleitung all ihrer Lehnsmannen, die so ausgerüstet sein sollten, daß sie überallhin zum Krieg ausrücken könnten, wohin der Kaiser es befehle. Der schon erwähnte Friedrich erhielt kurze Zeit später[100] den Bischofssitz von Ravenna.

[100] Spätestens im November 1001.

31. Überfall auf die Abtei Hilwartshausen

Nun hoffte Bischof Bernward, er werde durch die Gnade Gottes und das Wohlwollen beider Oberhäupter in vollem Frieden leben können. Er entschloß sich daher, die Abtei Hilwartshausen[101] an einem ihrer Hauptfesttage zu besuchen. Der Kaiser hatte ihm diese geschenkt, er selbst hatte sie mit größter Ehrerbietung feierlich eingeweiht. Er hatte sie für den Gottesdienst ausschmücken lassen und mit vielen Gütern und Geschenken ausgestattet.

Die Schwester seiner Mutter[102] war dort Äbtissin. Schon hatte der Bischof alles vorausgeschickt, was für eine Menschenmenge, die zu einem solchen Fest gewöhnlich zusammenströmt, notwendig ist. Alles war vorbereitet, und die Ankunft des Bischofs stand unmittelbar bevor. Da überfielen die Leute des Erzbischofs bei Nacht die Abtei, drangen überall ein und richteten schwere Verwüstungen an. Einige von den Männern Bernwards ließen sie erst wieder frei, nachdem sie sie grausam geschlagen hatten.

32. Bernward wird feindselig in Gandersheim empfangen

Nach diesem Überfall beschloß der ehrwürdige Bischof, das Kloster Gandersheim zu besuchen, um Verbesserungen anzuregen, wo sie notwendig seien, damit nicht etwa durch seine Schuld etwas versäumt würde. Ihm stellte sich eine riesige Menschenmenge entgegen, die mit Waffen nicht anders ausgerüstet war, als habe man sie für einen offenen Krieg zusammengezogen. Folgende Leute hatte Sophia aufgeboten: alle nämlich, die sie von den Lehnsleuten und den Höri-

[101] Bei Gimte (Kr. Hann. Münden).
[102] Randglosse im Dresdner Kodex: „Die hl. Hemma, durch welche der Herr viele Wunder wirkte."

gen herbeirufen konnte, ihre Freunde und Bekannten und ein starkes Aufgebot ihrer eigenen Dienerschaft. Sie besetzten die Türme und Befestigungen rund um die Kirche mit Bewaffneten.

Gegen einen einzigen Menschen, und dazu noch ihren Bischof, der unbewaffnet war und ihnen den Segen bringen wollte, befestigten sie die Burg, als wollten sie sich gegen eine Belagerung durch Barbaren verteidigen. So erfüllte sich an ihm offensichtlich jenes Wort des Apostels: „So werden alle, die in der Gemeinschaft mit Christus Jesus ein frommes Leben führen wollen, verfolgt werden.“[103] Als der Bischof davon erfuhr, fragte er seine Leute, was er tun solle. Alle rieten dazu, vor der Gefahr zu weichen. Einige wurden auch losgeschickt, die Lage genau zu erkunden. Bei ihrer Rückkehr meldeten sie, alle Gerüchte seien wahr, und in Wirklichkeit sei es noch schlimmer.

33. Zusammenkunft der Bischöfe in Frankfurt

Nach diesen Vorfällen verlangten die Bischöfe eine Zusammenkunft in Frankfurt in der Zeit nach Mariae Himmelfahrt, denn sie sahen den Streit in der Kirche um sich greifen und bedauerten die unerhörten und unerträglichen Gewalttaten eines so hohen Würdenträgers aufs tiefste. Eingeladen wurden auch die Erzbischöfe von Köln und Trier. Man erschien also am Tag der Versammlung.[104] Den Vorsitz führten die Erzbischöfe Willigis von Mainz, Heribert von Köln und Liudolf von Trier zusammen mit den anderen Dienern Gottes, Rethar von Paderborn, Rodbert von Speyer, Berengar von Verden und Eggehard von Schleswig.

[103] 2. Brief an Timotheus 3,12.
[104] 15. August 1001.

Eggehard lebte damals als Gast in Hildesheim, weil seine eigene Stadt und Kirche von den Barbaren verwüstet worden waren. Ihn schickte Bernward als seinen Stellvertreter zu der Versammlung, da er selbst infolge einer Erkrankung verhindert war. Den Priester und Domdekan Thangmar[105] schickte er zu seiner Begleitung mit, damit er ihm helfend zur Seite stehe, falls von seiten des Erzbischofs Einwände gegen ihn erhoben würden.

Am Beginn der ersten Sitzung nun beschwerte sich der Erzbischof in recht gemäßigtem Ton bei seinen Mitbrüdern über die Abwesenheit Bernwards und fügte hinzu, er wolle ihm, wenn er nur da wäre, gemäß dem Urteil der Mitbrüder Gerechtigkeit zukommen lassen. Man entgegnete ihm, er fehle nicht aus Trotz und Ungehorsam, sondern er sei infolge einer schweren Erkrankung verhindert; er werde jedoch gehorsam alles befolgen und einhalten, was die ehrwürdige Versammlung, von göttlichem Geist erleuchtet, beschließe, festsetze und anordne. So wurde nach gegenseitiger Spendung des Segens an diesem Tag die Sitzung geschlossen.

Am folgenden Tag erschien der Erzbischof – man weiß nicht, wer dahinter steckte – merklich angriffslustiger zur Sitzung. Denn einige, darunter auch etliche von den Bischöfen, sprachen sich aus Sympathie für den Erzbischof dafür aus, Bischof Bernward öffentlich vor die Synode zu laden. Der Priester Thangmar aber bat die Bischöfe eindringlich, den Erzbischof doch von seiner hartnäckigen, feindseligen Haltung abzubringen. Endlich wurde durch Gottes Güte der Erzbischof etwas milder gestimmt. Dennoch lehnte er es entschieden ab, daß Bischof Bernward das Kloster Gandersheim besitzen solle, wie alle anderen es forderten. Er gab nur

---

105 Er gilt als Verfasser dieser Lebensbeschreibung.

zu, daß keiner von beiden dort etwas unternehmen solle, bis sie 8 Tage nach Pfingsten am Hof zu Fritzlar zusammenkämen. So wurde mit der Gnade Gottes die Versammlung geschlossen.

34. Thangmars Reise zum Papst

Bischof Bernward wünschte nun aus zwei Gründen nach Italien zu reisen. Erstens wollte er dem Befehl des Papstes gehorchen und zweitens seinen geliebten Herrn und König wiedersehen, der ihm mehr bedeutete als sein eigenes Leben. Dennoch schickte er den Priester Thangmar in seiner Stellvertretung, der ihn auch im Jahr zuvor auf seiner Reise zum Kaiser begleitet hatte. Er war von Jugend an bis in sein Alter mit Schulunterricht und der Erziehung von Jungen befaßt. Dieser Thangmar wurde mit Briefen und Aufträgen zu Papst und Kaiser geschickt.

Unterwegs erfuhr er wegen der Beliebtheit seines Herrn das Entgegenkommen sehr vieler Menschen. Im Gebiet von Spoleto erreichte er den Kaiser[106]. Er fand mit Rücksicht auf seinen Herrn, den Bischof, eine sehr wohlwollende Aufnahme und wartete hier auf die Ankunft des Papstes. Bei ihrem Zusammentreffen überbrachte er seine Botschaft und seine Briefe, wobei der Kaiser die Sache des Bischofs beim Papst gütig vertrat. Dann bekam er die Anweisung, die Synode abzuwarten, die an Weihnachten in Todi stattfinden sollte. Seinen Unterhalt erhielt Thangmar in reichem Maß von seiten der beiden Herren.

---

[106] Otto III. war Mitte Dezember 1001 von Ravenna nach Rom aufgebrochen. Auf diesem Zug hat Thangmar ihn wohl erreicht.

35. Graf Tammo, Bernwards Bruder, besetzt Paterno

Da zu dieser Zeit gewisse Leute den Befehlen des Kaisers Widerstand leisteten, besetzte Bernwards Bruder Tammo auf kaiserlichen Befehl die sehr stark befestigte Burg Paterno[107]. Tammo stand beim Kaiser in hoher Gunst; er war wirklich ein Mann, der sich durch einen rechtschaffenen Charakter auszeichnete. Mit Geschick und Einsatzbereitschaft verstand er es auch, die Interessen des Staates auf jenem Gebiet aufs beste zu schützen.

36. Die Synode zu Todi

Im Jahr 1002[108] nach der wunderbaren Geburt unseres Herrn Jesus Christus, im 15. Jahr der Indiktion[109], feierte der Papst zusammen mit dem Kaiser das Weihnachtsfest in Todi. Hier traten am Fest des heiligen Evangelisten Johannes[110] die Bischöfe aus der Umgebung Roms sowie einige Bischöfe der Toskana und Italiens zu einem Konzil zusammen. Von den unsrigen waren dabei: Notger von Lüttich, Siegfried von Augsburg und Hugo von Zeitz. Ungefähr dreißig Bischöfe nahmen zum feierlichen Gottesdienst Platz. Den Vorsitz führten die beiden Häupter der Stadt Rom, der Papst und der Kaiser. Nach dem Evangelium wurden einige Kapitel aus den Dekreten der heiligen Kirchenväter verlesen. Dann stellte der damit Beauftragte den Abgesandten des Bischofs Bernward der Synode vor. Der Papst fragte ihn: „Aus welchem Grund bist du vor uns erschienen, und was begehrst du von der Synode?“ Da warf sich der Gesandte, der Priester Thangmar, sogleich mit dem ganzen

[107] Am Fuß des Monte Soratte, ungefähr 40 km nordwestlich von Rom.
[108] Nach heutiger Zählweise noch 1001.
[109] Vgl. Anmerkung 17.
[110] 27. Dezember.

Körper auf den Boden. Von freundlichen Händen wurde er wieder aufgerichtet und kniete zu Füßen der beiden Fürsten nieder. Dann stand er auf und begann folgendermaßen:

„Mein Herr sagt eurer Apostolischen Hoheit und eurer Kaiserlichen Majestät in jeder Weise Dank für alles, was ihr voll Güte für seine Kirche getan habt. Was jedoch euer Legat ausgerichtet hat und wie es ihm bei seiner Mission ergangen ist, das wird er selber, da er anwesend ist, am besten berichten können. Nach dessen Abreise beriefen die Bischöfe in ihrer Besorgnis, daß der Streit und die Auseinandersetzung weiterhin anhielten, eine Versammlung nach Frankfurt. Daran konnte mein Herr wegen einer schweren Erkrankung nicht teilnehmen; daher schickte er mich als seinen Stellvertreter dorthin. Die ehrwürdigen Väter faßten schließlich den gemeinsamen Beschluß, daß weder der Erzbischof noch mein Herr in bezug auf das Gandersheimer Kloster ein Besitzrecht ausübe bis nach der Pfingstoktav. Danach sollten sie wegen eben dieser Frage zu einer Synode in Fritzlar zusammenkommen. Das aber wurde vor euren Apostolischen Stuhl gebracht und in Schreiben von euch wiederholt für ungültig erklärt. Und deshalb bittet mein Herr um euren Spruch: Ihr möget kraft eures Ansehens bestimmen, durch welches Gericht und durch welche Richter diese Sache zu entscheiden ist. Zu dieser heiligen Versammlung aber, die hier durch die Gnade des Heiligen Geistes von euch einberufen worden ist, hat mein Herr meine Wenigkeit entsandt. Er will somit vor dem ganzen Senat der Apostolischen Kirche öffentlich zum Ausdruck bringen, daß er dem Papst und dem Römischen Stuhl mit größter Ergebenheit bereitwillig und gern gehorcht und daß er um eure richterlichen Beschlüsse bittet und sie nach Vermögen immer einhalten will."

Auf diese Worte hin spendete der Papst dem Gehorsam unseres Bischofs, seiner Ergebenheit und seinem Eifer das höchste Lob. Als nächster sprach nun Friedrich, der ehrwürdige Metropolit von Ravenna. Er schilderte, was ihm in Pöhlde und während seiner ganzen Mission begegnet war, den Ungehorsam des Erzbischofs, sein beleidigendes Verhalten und auch seine Mißachtung des Römischen Stuhls. Dagegen betonte er das Wohlwollen und die Liebenswürdigkeit Bischof Bernwards und daß er von ihm mit besonderen Ehren behandelt und mit allem Guten überreich beschenkt worden sei. Hierauf wurde das feindselige Verhalten des Erzbischofs von allen römischen Bischöfen öffentlich mißbilligt und seine freche Anmaßung scharf gerügt. Man faßte indessen den gemeinsamen Beschluß, die Ankunft des Erzbischofs von Köln[111] und weiterer Bischöfe, die in Kürze eintreffen sollten, abzuwarten. Man sandte auch Boten aus, die sie auffordern sollten, am Fest Epiphanie vor den beiden Oberhäuptern zu erscheinen. Doch sie kamen nicht. Man wartete noch drei Fristen lang auf sie.

Als sich aber zeigte, daß man unmöglich noch zusammenkommen konnte, bat der Priester Thangmar nachdrücklich, ihn zu entlassen. So verabschiedete der Kaiser am 11. Januar[112] den Gesandten seines geliebten Lehrers, des Bischofs Bernward, den oft erwähnten Priester, und ließ ihn reich beschenkt nach Hause ziehen. Auch für den Bischof schickte er kostbare Geschenke mit, unter anderem ein wertvolles Gefäß aus Onyx, auch verschiedene Sorten von Arzneimitteln und einige Farbstoffe.

37. Der Tod Kaiser Ottos III.

Doch schon nahte ein Unglückstag, der Todestag des gütigen Kaisers. Auf eine Frage des Priesters hin hatte der Kaiser

[111] Heribert (999–1021).
[112] 1002.

Heinrich II. (Widmungsbild)

bereits zugegeben, daß er leichtes Fieber habe. Die Krankheit verschlimmerte sich von Tag zu Tag. Am 23. Januar[113] legte der gütige und demütige Kaiser in Gegenwart der Bischöfe ein aufrichtiges Bekenntnis ab und verstarb, versehen mit dem Sakrament des Leibes und Blutes des Herrn, zum großen Schmerz aller guten Menschen. Wer kann den unsäglichen Schmerz der Trauergemeinde, die von überall her zur Totenfeier zusammenkam, in Wort und Schrift ausdrücken? Nachdem alles für den Weg vorbereitet war, trug das Heer der Deutschen in feierlichem Trauerzug den Leichnam des frommen Herrschers nach Aachen. Dort wurde er am Palmsonntag[114] von der Trauergemeinde des ganzen Reiches empfangen. Alle Fürsten erwiesen ihm mit großer Anteilnahme den letzten Dienst. In der Mitte des Chores wurde er beigesetzt.

38. Heinrich II. wird König

Inzwischen gingen die Meinungen der Fürsten auseinander, denn viele wollten ohne Gottesfurcht die Reichsgewalt an sich bringen. Einer von ihnen war Bruno, der Graf von Braunschweig. Er wußte genau, daß der ehrwürdige Bischof Bernward in fester Treue zu dem geachteten Herzog Heinrich hielt[115]. Daher fürchtete er, daß Bernward sich seinen Plänen widersetzen werde. Bruno sammelte deshalb Bewaffnete, um dem Bischof und der Hildesheimer Kirche zu schaden. Raubend und plündernd fiel er über Orte und Leute des Bischofs her. Dieser ließ sich jedoch in seiner gewohnten Art auch trotz vieler Gewaltakte von seiner Treue nicht abbringen. Wie ein weiser Baumeister legte der

[113] 1002.
[114] 29. März 1002.
[115] Nach Thietmar von Merseburg (Chron. V,4) soll Bernward jedoch den Gegenkönig Eckehard in Hildesheim ehrenvoll empfangen haben.

kluge Bischof den Grundstein für das neue Reich zuerst durch das Gebet. Alle Gemeinschaften von Brüdern und Schwestern, die unter seinem Zeichen für die göttliche Herrschaft eintraten, forderte er auf, in dieser schwierigen Lage inständig zu beten. Er selbst erflehte die Gnade des Herrn durch strenge Enthaltsamkeit, was er jedoch vor seinen Mitmenschen verborgen hielt. So kam es durch Gottes Güte bei der Wahl zu einer wundersamen Einmütigkeit, wobei die Wünsche des Volkes die Bestrebungen der Fürsten noch übertrafen. Denn auf jeder Versammlung forderte das Volk einstimmig, daß Heinrich Kaiser werden und allein das Reich regieren solle. Nachdem ihn alle einstimmig gewählt hatten, geleiteten Erzbischof Willigis und Bischof Bernward mit den anderen Fürsten des Reiches Heinrich unter großen Ehrungen nach Mainz. Dort übergaben sie ihm am Sonntag nach Pfingsten[116] mit der Lanze auch die Herrschaft und Königsgewalt. Alles wurde nach altem Brauch vollzogen, und unter großem Jubel spendeten sie ihm mit Gottes Gnade feierlich die Salbung.

39. Sophia wird Äbtissin des Klosters Gandersheim

Der neue König feierte das Fest des heiligen Laurentius[117] in Paderborn. Dort empfing Kunigunde vom ehrwürdigen Erzbischof Willigis Krone und Weihe. Sophia aber, die inzwischen zur Äbtissin von Gandersheim gewählt worden war, benahm sich wie gewöhnlich. Bereits bei ihrer Einkleidung hatte sie ihren eigenen Bischof verschmäht und hielt es auch jetzt für unter ihrer Würde, von ihrem Hirten und Vater die Herrschaft und Weihe zu empfangen. Hochmütig

[116] 31. Mai 1002; die feierliche Krönung fand am 6. oder 7. Juni statt.
[117] 10. August.

und stolz erbat sie vom König, der Königin und den Fürsten, von einem Palliumträger geweiht zu werden. Bischof Bernward konnte sich nicht widersetzen und gab seine Zustimmung.

40. Heinrich II. besucht Hildesheim

Im Jahre 1003 nach der Geburt des Herrn besuchte der König in frommer Absicht Bischofsstädte und Abteien, heilige Orte, an denen fromme Diener und Dienerinnen Gottes ihren göttlichen Dienst verrichteten. Durch ihr Gebet wollte er Schutz für sich selbst und das Reich, das Gott ihm übertragen hatte, erlangen. Sein größter Wunsch war, auch nach Hildesheim zu kommen. Dies hatte jedoch aus Ehrfurcht vor dem Ort noch kein König vor ihm angestrebt. Daher wandte er sich an Bischof Bernward und fragte ihn, ob er diese heilige Stätte wohl besuchen könne. Bernward erteilte ihm die Erlaubnis. So kam der König vor dem heiligen Palmsonntag[118] zu unserer Kirche und wurde feierlich empfangen. Er spendete auch einen ansehnlichen Geldbetrag für den Altardienst und den Unterhalt der Brüder. Außerdem versprach er, den Ort zu bereichern und zu ehren und führte dies in seiner Güte auch in großem Maße aus.

41. Bernwards Wallfahrt nach Paris und Tours[119]

Drei Jahre danach zog Kaiser Heinrich gegen die westlichen Gallier[120], die sich gegen das Reich erhoben hatten. Der ehr-

[118] 21. März 1003. Heinrich war Schüler der Hildesheimer Domschule gewesen.
[119] Kapitel 40, 41 und 42 stehen nicht im Dresdner Kodex.
[120] Gemeint ist der Kriegszug Heinrichs II. im Sommer 1007 gegen den Grafen Balduin von Flandern.

würdige Bischof Bernward gab treu nach dem Gebot des Herrn Gott, was Gottes ist, und dem Kaiser, was des Kaisers ist.[121] Er folgte mit einem stattlichen Heer und leistete seinen Dienst sehr aufmerksam zur Zufriedenheit des Kaisers.

Nach Beendigung des Feldzuges unternahm er aufgrund eines Gelübdes eine Reise zum heiligen Martin von Tours, freilich nicht ohne die Einwilligung des Königs und die brüderliche Hilfe der Bischöfe. Seinen eigenen Leuten gegenüber verschwieg er die geplante Reise, weil er fürchtete, ihre Tränen nicht ertragen zu können. Daher stellte er sie unter den Schutz des Königs und trat mit wenigen Begleitern die Reise an. In Paris hielt er sich mehrere Tage beim heiligen Dionysius[122] auf, besuchte die heiligen Stätten und weihte sich in tiefer Hingabe dem Herrn. Dann reiste er weiter nach Tours, wobei ihm König Robert[123] große Aufmerksamkeit erwies. In Tours blieb er eine Woche und beweinte vor dem heiligen Schutzpatron täglich seine eigenen Sünden und die Sünden seines Volkes. Zum Abschied schenkten ihm der König und die Bischöfe Reliquien vom Leib des heiligen Martin. Das war eine große Kostbarkeit, denn es galt bereits als ganz besondere Auszeichnung, wenn man von einem Meßgewand oder anderen Gewändern des heiligen Bekenners ein kleines Stück erhalten konnte.

Nachdem man ihn mit diesem himmlischen Schatz und Reliquien anderer Heiliger beschenkt hatte, empfing er von allen den Segen, nahm in Freundschaft Abschied und kehrte nach Paris zurück. Hier verbrachte er einige Tage mit den gewohnten Gebetsübungen. Von den erwähnten Fürsten und Bischöfen erhielt er ebenfalls Reliquien des heiligen Märtyrers Dionysius und seiner Gefährten. Dann verabschiedete er sich von ihnen mit Segenswünschen in aller

[121] Vgl. Matthäus 22,21.
[122] Saint-Denis bei Paris.
[123] Robert II. von Frankreich (996–1031).

Freundschaft und gelangte glücklich in seine Heimat zurück.

Obwohl nach den großen Anstrengungen der weiten Reise alle möglichst schnell nach Hause zurückkehren wollten, überwog bei Bernward die Zuneigung, die er immer Herrschern gegenüber empfand. Daher besuchte er noch den gütigen König, der damals in Aachen weilte[124]. Dieser empfing ihn sehr herzlich, da er schon lange mit Ungeduld darauf gewartet hatte, ihn wiederzusehen. Er hatte nämlich die Absicht, an seinem königlichen Ort Bamberg, den er von seinen Vorfahren geerbt hatte, ein neues Bistum zu errichten. Aus diesem Grund berief er eine Synode sämtlicher Bischöfe nach Frankfurt[125], die zu allen diesbezüglich ergangenen Schreiben und Verordnungen des Papstes ihr gemeinsames Einverständnis erklären sollte. An dieser Erklärung sollte sich nach dem Wunsch des Königs und des Episkopats auch Bernward, der Bischof und namhafte Diener Gottes, beteiligen. Bernward schlug es nicht ab, sondern erwies seinem Herrn und König bereitwillig Gehorsam.

Als er nach Hildesheim zurückgekehrt war, setzte er die mitgebrachten Reliquien unter großer Verehrung bei. Er selbst übte sich von Tag zu Tag mehr in den Werken seiner gewohnten Frömmigkeit und wachte mit großer Aufmerksamkeit über die althergebrachten Grenzen seines Bistums.

42. Tod der Rothegardis, Äbtissin von Hilwartshausen und Tante Bernwards

Inzwischen wurde Rothegardis, die würdige frühere Äbtissin von Hilwartshausen und Tante des ehrwürdigen

[124] Er hielt dort am 22. September 1007 einen Reichstag und blieb bis Ende Oktober in Aachen.
[125] 1. November 1007.

Bischofs Bernward, von langer Krankheit heimgesucht, und sie erkannte wohl durch göttliche Eingebung, daß ihr schon immer ersehnter Todestag nahe bevorstand. Daher ließ sie sich in der heiligen Nacht der Geburt des Herrn zur Messe ‚Dominus dixit‘ in die Kirche tragen und empfing hier als Wegzehrung den Leib und das Blut des Herrn. Anschließend wurde sie wieder auf ihr Lager zurückgebracht.

Daraufhin versammelte sie ihre Mitschwestern und sprach: „Meine Lieben, ich möchte euch sagen, daß ich noch heute aus diesem Leben gerufen werde, wohin Gott es befiehlt. Dies wird während der Feier des Hochamtes geschehen. Damit der Gottesdienst aber nicht unterbrochen wird, möchte ich darum bitten, daß ihr euch nicht stören laßt, wenn ihr von meinem Sterben hört. Denn ich glaube fest, daß Gott mir seine Hilfe reicher schenkt, wenn sein Dienst um meinetwillen nicht unterbrochen wird. Wenn aber der Gottesdienst in der gewohnten Weise beendet ist, kommt schnell herbei, um mir im Tode beizustehen, und empfehlt meine Seele ihrem Schöpfer im Gebet. Denkt stets an euer eigenes Ende, und sorgt durch gute Werke dafür, daß ihr einst im furchtbaren Gericht vor Gott würdig befunden werdet.“ Nach diesen Worten entließ sie die Schwestern, die Bestürzung und Staunen ergriffen hatte.

Der weitere Verlauf zeigt deutlich, daß sie das Geschehen mit prophetischem Geist vorhergesehen hat. Denn wie sie vorausgesagt hatte, wurde ihre heilige Seele während des Hochamtes zu Beginn der Sequenz aus dem Kerker des Fleisches erlöst. Daraus kann man deutlich erkennen, daß diese heilige Frau mehr göttliche Gnade empfangen hat als andere Menschen. Ihr war es gestattet, den Zeitpunkt ihres Todes genau zu kennen, und ihr war es vergönnt, dem Elend des irdischen Lebens gerade an dem Tag glücklich zu entrinnen, an dem der Erlöser der Menschen zum Heil der ganzen Welt von der Jungfrau in wunderbarer Weise geboren wurde und sein Erdenleben begann.

43. Der Friede zu Pöhlde

Im Jahr 1007[126] nach der Geburt unseres Herrn Jesus Christus beging der ehrwürdige König Heinrich, der mächtigste Mann im ganzen Römischen Reich, in Pöhlde das Weihnachtsfest äußerst feierlich. Überall, wohin der weise Kaiser den Blick seines geweihten Hauptes richtete, stiftete er sogleich Versöhnung, wenn er gerade irgendwen im Streit fand. Oder aber er fand, wenn diesem Ziel etwas im Wege stand, im Herzen nie Ruhe, bis er die verletzte Liebe wiederhergestellt sah. Dies Ziel verfolgte er auch damals gerade am Fest der wunderbaren Geburt auf geschickte Weise.

Denn er hatte den alten Haß, den Erzbischof Willigis gegen den Hildesheimer Bischof Bernward aus geringfügigem Anlaß gefaßt hatte und noch mit wütendem Zorn unversöhnlich in seinem Herzen trug, schon öfter besänftigen wollen, war aber dessen Heftigkeit unterlegen und ließ davon ab. Jetzt jedoch traf er ihn vor vielen Bischöfen und anderen hohen Adligen, die im Palast an jenem hohen Fest zusammenströmten. Mit großer Autorität konnte er dessen Starrsinn in angemessener Härte brechen, so daß Willigis sich und den ganzen Streit einem Schiedsspruch des Kaisers und seiner bischöflichen Mitbrüder unterwarf und sich in keiner Hinsicht dessen Befehlen oder den Beschlüssen seiner Mitbrüder widersetzen wollte. Darauf bestimmte der weise König für die öfter schon verschobene Weihe der Gandersheimer Kirche den Vigiltag vor dem Erscheinungstag des Herrn, der damals auf einen Sonntag[127], den Auferstehungstag des Herrn, fiel. Die Einkleidung der Dienerinnen Gottes legte er auf den Tag der Erscheinung selbst.

---

[126] Nach heutiger Zählweise noch 1006. Das vorliegende Kapitel gehört chronologisch gesehen vor Kapitel 41.

[127] 5. Januar 1007.

Der hochwürdige Bischof Bernward lud also Erzbischof Willigis und seine übrigen Brüder zur Assistenz für die Weihe der genannten Kirche ein. Schnell war das heilige Fest gekommen; die Weihezeremonien wurden unter der Leitung Bischof Bernwards vollzogen; alles geschah in brüderlicher Liebe, so daß der Erzbischof bei der Besprengung mit Weihwasser den ersten Platz einnahm und an seiner Seite Bischof Bernward war. In der Kirche, die zu seiner Diözese gehörte, aber versah Bernward persönlich vor seinen Brüdern die Weihehandlungen; denn hier nahm er selbst die erste Stelle ein. Nachdem nun mit der Gnade Gottes alles in brüderlicher Liebe vollbracht und der König mit dem Erzbischof und den übrigen zum Volk vorgetreten war, sprach er: „Den langen Streit, von Sünden hervorgerufen, sollten wir heute endgültig beilegen, meine Lieben. Denn ich weiß ganz genau, daß diese Kirche und die umliegenden Höfe für immer den Hildesheimer Bischöfen gehören und ohne Widerspruch zu ihrem Besitz gehört haben."

Auf diese Worte des Kaisers hin ging Erzbischof Willigis endlich aus Frömmigkeit in sich und bekannte vor allen, daß alles, was er aus eigenem Antrieb oder auf Anstiften anderer gegen Gott und die heilige Mutter Gottes getan habe, offensichtlich in einem ungerechten Übergriff auf die Pfarrei Gandersheim, die zum Sprengel der heiligen Hildesheimer Kirche gehöre, geschehen sei. Er verzichtete feierlich auf jeden rechtlichen Anspruch auf diesen Ort und übergab zum Zeugnis dieses Verzichtes Bernward seinen Bischofsstab mit den Worten: „Lieber Bruder und Mitbischof, ich verzichte auf jedes Recht an dieser Kirche. Diesen Bischofsstab, den ich in der Hand halte, übergebe ich dir mit Jesus und unserem Herrn und König und unseren Brüdern als Zeugen zum Beweis, daß hiernach weder ich noch irgendeiner meiner Nachfolger einen Anspruch oder eine Rückforderung in dieser Angelegenheit erheben können." So wurde die Meßfeier von Erzbischof Willigis mit Zustimmung Bischof Bernwards feierlich vollzogen. Am nächsten Tag aber, dem Erscheinungstag, nahm Bernward die Einkleidung der jungen Frauen in Gegenwart des Königs und aller Bischöfe auf feierliche Weise vor.

So ging man durch die Weisheit des pflichtbewußten Herrschers mit Gottes Gnade nach einer Regelung in Frieden und Eintracht auseinander[128]. Der Erzbischof jedoch hat nach Schlichtung dieses Streites von nun an unseren Bischof mit aller Achtung und Liebe behandelt. Nachdem er in unsere Stiftsbruderschaft ehrenvoll aufgenommen war, zeigte er unserer Stadt wie den Brüdern gegenüber höchste Zuneigung.

44. Tod des Erzbischofs Willigis

Nicht anders standen die Dinge[129], als der Erzbischof fünf Jahre später, reich an Tagen und auch an guten Werken, am 24. Februar[130] zu Christus hinüberging.

45.[131] Erkenbald wird Erzbischof von Mainz

Auf ihn folgte Erkenbald in der Leitung der Mainzer Kirche, zuvor Abt des Klosters Fulda, dem es im katholischen Glauben an nichts fehlte und den Bischof Bernward am 1. April[132] in Mainz weihte. Durch Gottes Fügung wurde er

---

[128] Der Rest des Kapitels 43 steht nicht im Dresdner Kodex. Dieser schließt das Kapitel mit dem Satz „er (der König) blieb noch einige Zeit in Thüringen, zog dann nach Bayern und feierte in Regensburg das heilige Osterfest."

[129] In dieser Form nicht im Dresdner Kodex. Dieser bringt außer der Nachricht vom Tod des Erzbischofs weitere, dem Erzbischof sehr ungünstig gesonnene Bemerkungen.

[130] 1011.

[131] Kap. 45 mit leichten Abweichungen auch im Dresdner Kodex.

[132] 1011.

St. Michael von Südosten. Vor 1650

St. Michael von Südosten. Nach 1662.

darauf zum Erzbischof erhoben, weil er in einer Zeit leidenschaftlichen Jähzorns zum Versöhner geworden war. Solange er lebte, unterdrückte er die Verlockung, den alten Streit zu erneuern, sondern zeigte dem, der ihn geweiht hatte und der auch noch sein leiblicher Verwandter war, den gehörigen Respekt wie einem Vater und behandelte ihn seinerseits auch mit väterlicher Liebe.

46.[133] Gründung des Michaelisklosters

Unterdessen hatte sich der ehrwürdige Bischof Bernward im Bemühen, den Gottesdienst in seiner Diözese zu mehren, und in der Hoffnung auf einen künftigen Lohn Christus als Erben erwählt. Was er sein eigen nannte, also sich selbst mit allem schon erworbenen oder künftigen Eigentum, brachte er, wie er es sich schon längst insgeheim vorgenommen hatte, dem allmächtigen Vater zum Opfer dar.

Im nördlichen Teil der Stadt Hildesheim gründete er auf unwirtlichem Gelände, das nur von wilden Tieren und Ungeziefer bewohnt war, voller Hingabe und mit dem nötigen Aufwand ein Kloster. Er stattete es hinreichend mit Gütern aus und übergab es Mönchen zum Dienst an Gott.

47. Einweihung der Krypta

Im Jahr nach der Fleischwerdung des Wortes 1015, im 14. Jahr der Regierung des pflichtbewußten Kaisers Heinrich, im 23. Jahr der Weihe des ehrwürdigen Bischofs Bernward, im 13. Jahr der Indiktion[134], am 29. September, wurde die

[133] Kapitel 46 und 47 stehen nicht im Dresdner Kodex.
[134] Vgl. Anm. 17.

Das Kostbare Evangeliar des Heiligen Bernward
(Widmungsbild)

Krypta des Klosters mit Gottes Gnade in großer Schönheit vollendet. Von Bischof Bernward, dem ehrwürdigen Schleswiger Bischof Eggehard und dem ehrgebietenden Münsteraner Bischof Dieter wurde sie geweiht zu Ehren unseres Herrn und Erlösers Jesus Christus und seiner seligen und glorreichen Mutter und immerwährenden Jungfrau Maria und des hl. Erzengels Michael, und auch zu Ehren der ganzen himmlischen Heerschar und zugleich der 66 Reliquien, die von diesen ehrwürdigen Bischöfen dort in angemessener Verehrung beigesetzt wurden.

48. Aribo wird Erzbischof von Mainz

Fünf Jahre danach hat der Erzbischof von Mainz Erkenbald, reich an Tagen und Verdiensten, am 18. August[135] den Frieden der Kirche Gottes verlassen und seine Seele in die Hände der Engel ausgehaucht. Ihm folgte Aribo, ein königlicher Hofkaplan. Er erhob von neuem die Waffen des Streites, die unter dem Vorgänger friedlich geruht hatten, weil dieser die gnadenvolle Eintracht bevorzugt hatte. Als der gottgefällige Bischof Bernward den künftigen Bischof zum Priester weihen mußte, verbot er ihm mit dem Schwert des Wortes Gottes in Gegenwart des allergütigsten Kaisers Heinrich und verschiedener Bischöfe vor der Gemeinde der Kleriker und des Volkes, nach seinem Herrschaftsantritt im Falle des erwähnten Gandersheim ohne Recht gegen die heilige Hildesheimer Kirche vorzugehen. Das gleiche wiederholte er nochmals und bekräftigte es so, als an Bernwards Stelle der ehrwürdige Bischof Eggehard ihn zum Erzbischof weihte.

Aber was Aribo damals hinterlistig versprach, hintertrieb er später, als sich seine Dummheit durchsetzte. Denn noch bei seiner Thronbesteigung suchte er über seinen Boten in

[135] 1020.

geheuchelter Friedfertigkeit den Kontakt zu Bischof Bernward und versuchte, mittels einer falschen Grußbotschaft den Streit um Gandersheim wieder zu entfachen. Ihm entgegnete der Bischof Bernward, von göttlicher Inspiration gelenkt, nichts auf sein leeres Geschwätz. Er erinnerte ihn an sein Versprechen und eine mögliche Bannstrafe mit den Worten, er habe nichts gemein mit ihm, wenn er guten Willens sei, außer dem, was Gott gehöre. Von seiner Diözese aber sei ihm ohne jeden Zweifel nichts überlassen worden. Durch diese Antwort wurde die Intrige des Erzbischofs vereitelt; und in dieser Sache wagte er keinen Laut mehr zu Lebzeiten des ehrwürdigen Bischofs Bernward.

49.[136] Einweihung der Michaeliskirche

Zwei Jahre danach, im Jahr 1022 nach Christi Geburt, im 21. Jahr der Regierung Kaiser Heinrichs, im 30. Jahr nach der Weihe Bischof Bernwards, im 5. Jahr der Indiktion[137], am 29. September, war das erwähnte Kloster für die Bedürfnisse eines Mönchslebens gebaut und mit vielfältigem Schmuck, wie noch heute ersichtlich, vollendet. Es wurde in aller Andacht eines kirchlichen Gottesdienstes vom ehrwürdigen Bischof Bernward als Stifter dieser Kirche, auch vom ehrenwerten Hamburger Erzbischof Unewan, vom Schleswiger Bischof Eggehard und vom höchstwürdigen Bischof Benno von Oldenburg geweiht: zu Ehren unseres Erlösers Jesus Christus, der heiligen Gottesmutter und immerwährenden Jungfrau Maria, eines heilbringenden, anbetungswürdigen, lebenspendenden Kreuzsplitters und zum besonderen Schutz durch den hl. Erzengel Michael und durch die ganze himmlische Heerschar sowie zum Lobe und Preis aller Heiligen Gottes.

---

[136] Kap. 49 bis 53 nicht im Dresdner Kodex.
[137] Vgl. Anmerkung 17.

50. Goderam wird der erste Abt des Klosters

Doch bald darauf wurde die Aufsicht dieses Klosters Goderam als Abt anvertraut, der zuvor Propst des Klosters Sankt Pantaleon in Köln war.

51. Bernwards Stiftungsurkunde für das Michaeliskloster, der Sinn seiner Stiftung

Schließlich stattete er, ein Mann, auf dem Gottes Segen ruhte, die Kirche des heiligen Michael auf das reichlichste mit Gütern aus und stärkte danach ferner durch die Autorität seines Bannes ihre Unantastbarkeit. Dies tat er in Anwesenheit eines päpstlichen Gesandten, natürlich eines Kardinals, sowie von 11 Bischöfen und Leuten verschiedenen Standes. Allerdings hatte er den Bau dieser Kirche, ein Werk treuer Hingabe an Gott, schon recht früh geplant. Mit Begeisterung war er ans Werk gegangen, sobald sich die Gelegenheit bot. Mit unermüdlicher Ausdauer drängte er auf Fortführung des Baues und setzte sich fürsorglich dafür ein, daß alle äußeren Bedingungen dafür erfüllt waren.

Großzügig führte er ihn aus und verlieh ihm mit seinem Ansehen Festigkeit. Dabei machte er, von Gott berührt, auch in seiner persönlichen Entwicklung Fortschritte. Wie sehr dies alles zutrifft, werden wir besser mit seinen eigenen Worten zum Ausdruck bringen. Denn er selbst sagt in einer demselben Kloster übergebenen Urkunde:[138]

[138] Die Urkunde vom 1. November 1019, Bernwards ausführlichstes Selbstzeugnis, ist in einer Abschrift erhalten, die noch dem 11. Jahrhundert zugewiesen wird. Ihre Echtheit ist angezweifelt worden, wird jedoch in letzter Zeit wieder zunehmend anerkannt.

„Jedes Geschöpf mit dem Namen ‚Mensch' ist von seinem Schöpfer dazu geschaffen, daß es nach der Ordnung der Natur lieber seinem Schöpfer dient als seiner Geschöpflichkeit. Von dieser Ordnung lenkt zwar der verschiedenartige Umgang mit den Dingen ab, aber das festgefügte Verhältnis zum Schöpfer führt den Menschen, sofern er Herr über seine Vernunft ist, dennoch immer auf den Pfad seiner ursprünglichen Bestimmung zurück. Je größer aber für jemanden die Korrektur war, die die menschliche Ausrichtung auf Gott herbeigeführt hat, desto mehr ist er von Gott erfüllt und desto fester ist die Bindung, die er in allen Dingen mit Gott eingeht. Dies könnte nicht geschehen, wenn nicht irgendwo Gott mit starker Hand einen jeden an sich zöge. Daher prägt sich im gierigen Verlangen nach Gnade Gott als barmherziger Beschützer jedem einzelnen wie ein Bild und eine ihm gemäße Vorstellung ein.

Suchen wir nach einer Bestätigung für diesen Sachverhalt, so fällt uns auf der Stelle als Antwort Gottes folgendes ein: Während Adam sündigte und daraufhin die Nöte der Verbannung ertragen mußte, vertraute Abraham auf Gott, und das wurde ihm zu seiner Rechtfertigung zugute gehalten. Ferner erfahren wir, daß der Gesetzgeber Moses zum Führer und Lehrer des Volkes Israel wurde; entscheidend dafür war zum einen die Gnade Gottes, aber zum andern forderten es auch seine eigenen Verdienste. Ebenso sehen wir es an dem Wundertäter Elias als Wunder an – jedenfalls, wenn wir in gleicher Weise prüfen, was ihn zu einem Heiligen macht –, daß ihm die Erfahrung von der Begrenztheit des menschlichen Lebens noch fehlt. Vielmehr ist er auf einem feurigen Wagen für das letzte Weltgericht in die Höhe davongetragen worden.

Unsere Vernunft verläßt den Bereich dessen, was dem Denken zugänglich ist, und wird zu keinem greifbaren Ergebnis kommen, wenn sie sich bei der Beschäftigung mit diesen und ähnlichen Begebenheiten zu weit vorwagt.

Beweiskräftig genug ist die Größe, zu der sich David mit tapferer Hand im Kampf erhob; und es liegt sonnenklar vor unseren Augen, mit wie vielen frommen Zeremonien und geheimnisvollen Opferhandlungen der heilige Salomo nach dem Bau des Gottestempels sich Gott näherbrachte. Nie gab es einen Menschen, der ihm in seinen verdienstvollen Taten der Buße glich. Diesen allen offenbarte Gott entsprechend der Art ihrer Taten das Besondere, das ihre Verdienste ausmachte. Sie sollten sich in der Zeit immer nach Verdienst und Leistung von allen unterscheiden, darüber hinaus in der Ewigkeit den Engeln ebenbürtig werden.

Dies habe ich, Bernward, der ich durch Gottes vorherige Wahl, nicht durch meine Verdienste, zum Bischof ernannt worden bin, bedacht; lange habe ich intensiv nachgedacht, durch welches Bauwerk an Verdiensten oder durch welchen Preis von dieser Welt ich mir den Himmel erkaufen könnte. Diese Überlegungen stellte ich an, als ich gelehrter Schreiber am Hof war und zugleich Lehrer und Urkundenverwahrer Kaiser Ottos III., der in unserer Erinnerung jetzt zu den Seligen gehört. Von Gott mit seiner Gnade berührt, erschauderte ich vor dem Übermaß meiner Sünden und sehnte mich zugleich nach der Gnade Gottes. Daher überlegte ich hin und her, wie ich mich der Barmherzigkeit des ewigen Gottes als würdig erweise und auf diesem Wege eine Möglichkeit habe, zur Erlösung meiner Seele beizutragen. Aber bei meinen damals recht bescheidenen Verhältnissen sah ich es als aussichtslos an, irgendein beliebiges Vorhaben auch nur in Angriff zu nehmen oder jemals zu einem Ende zu führen. Dennoch litt ich mehr und mehr unter dem glühenden Wunsch, mein frommes Vorhaben auszuführen, auch wenn meine damaligen Lebensumstände es verhinderten, irgend etwas zu beginnen.

Doch da geschieht es! Gottes Wahl und die Berufung durch die Ratsgremien bestimmen mich dazu, den ruhmvollen Thron eines Bischofs zu besteigen. Und damit die Herde des Herrn nicht in Verwirrung gerät, weil der Hirte fehlt, und ferner nicht die Kirche, unsere Mutter, gewissermaßen verwitwet ist, bewirkte der Geist des Friedens, daß sich bei der Wahl des neuen Bischofs alle völlig einig waren. Nachdem ich nun den Thron der Kirche von Bennopolis[139] bestiegen hatte, wollte ich meinen lange gehegten Wunsch in die Tat umsetzen; das heißt, damit man meiner zu meinem Seelenheil gedenke, wollte ich es als ein mit meinem Namen verbundenes Verdienst hinterlassen, Kirchen erbaut, Gottesdienste der Gläubigen eben dort eingerichtet und mein gesamtes Hab und Gut dem Herrn gestiftet zu haben. Nun sind uns allerdings Gottes Ratschlüsse, auch wenn sie immer gerecht sind, nicht bekannt. Daher ließen mich Zustimmung und Ermunterung der Christengemeinde mit dem Bau eines neuen Gotteshauses beginnen. So erfüllte ich zum Lob und Ruhm des Namens des Herrn mein Vorhaben und Gelübde. Zugleich diente ich der frommen Christenheit dadurch, daß ich Gott wohlgefällige Klosterbrüder hierherkommen ließ.

Kaum waren aber die Grundmauern für den neuen Bau gelegt und kaum zeichneten sich Grundrisse der einzelnen Räume an Ort und Stelle ab, da wurde ich von einem unangenehmen Fieber ergriffen, und eine fünf Jahre dauernde Krankheit setzte ein. Dies geschah – Gepriesen seist du, Christus! –, um zu verhindern, daß ich zur Beschäftigung mit irdisch nichtigen Dingen abschweifte und der Fortgang des begonnenen Werkes sich so hinausziehe. Da aber auf Erden nichts ohne Grund geschieht – so glaube ich und habe Vertrauen zum Herrn –, wies der Herr mich hart zurecht; doch sterben ließ er mich nicht[140], damit nicht, weil ich nicht

[139] Gemeint ist Hildesheim. Bennopolis bedeutet vermutlich „Bernwardstadt“. Der Gräzismus dürfte eine Analogiebildung Bernwards zu dem als Referenz vor der griechischen Kaiserin geprägten „Parthenopolis“ für Magdeburg sein.

[140] Psalm 117,18.

anwesend bin, die Erfüllung meiner Hoffnung irgendwie unterbrochen werde.

An diesem Ort, der Gott, dem heiligen Kreuz, der beständig reinen Jungfrau Maria und dem heiligen Erzengel Michael geweiht war, siedelte ich Mönche an und ließ sie eine Gemeinschaft bilden. Dies tat ich in der Absicht, daß sie einerseits gemäß ihrer Mönchsregel dem Treiben der Welt fern seien, andrerseits auch von jeglicher lästigen Verpflichtung zu weltlichen Diensten frei seien. Daher habe ich mit Zustimmung meines Herrn und Kaisers Heinrich und meines Vorgesetzten, des Erzbischofs Erkenbald, den ich zusammen mit meinen Mitbrüdern zum Erzbischof geweiht habe, alles hingegeben, was ich an irdischen Gütern besaß in Form von Landgütern, Höfen, Ländereien, Weiden, Gewässern, Wäldern, Wiesen, Kirchen, Reliquien, Büchern, Silber und Gold, ferner alles, was ich durch Erbrecht besaß oder was ich käuflich auf dieser Welt erwerben konnte. Mit Ausnahme der reichlich vielen Dinge, die ich am Altar der heiligen Maria im Dom an goldenen Kronen, Kelchen, Leuchtern, Gewändern und sonstigen Schmuckgegenständen für den Gottesdienst dargebracht habe, ließ ich alles durch die Hand meines Vogts den Brüdern zum Gebrauch, aber Gott und seinen Heiligen zum Besitz übertragen.

Diese Stiftung soll dem Seelenheil meiner vorher erwähnten Herren und Kaiser dienen sowie meinem eigenen Seelenheil, dem aller meiner Nachfolger und derer, deren Güter ich erworben habe. Die Diener Christi sollen durch die Schenkung in die Lage versetzt werden, frei von jeglicher irdischen Dienstverpflichtung und in Sicherheit unter dem väterlichen Schutz meiner Nachfolger ruhige Zeiten des Friedens und der Barmherzigkeit zu verbringen und zum Wohlergehen der Lebenden fromme Kontemplation zu pflegen.

Wenn aber irgendein Nachfolger in meinem Amt oder irgendein Laie den Wunsch haben sollte, dies anzutasten, und vielleicht sogar auf den Gedanken kommt, diese Güter gewaltsam an sich zu bringen, so vertreibe ich jenen mit dem Wort Gottes als Schwert aus der Nähe Gottes und seiner Heiligen. Aller Fluch soll ihn treffen, aller Segen ihm fern sein. So habe er, ausgeschlossen aus dem Himmel und von der Erde, ein gemeinsames Schicksal mit Judas und mit denen, die das Heiligtum Gottes als ihr Erbe besitzen wollen[141]. Darüber hinaus sollen sich die Erben mit Gottes und meiner Erlaubnis darum bemühen, ihren Besitz zu ihrem Nutzen wieder in die eigene Verfügungsgewalt zu bekommen, wenn sie einen Fremden als Eindringling auf ihren Gütern hausen sehen."

52. Wer über diese Worte des seligen Mannes nachdenkt, wird leicht erkennen, welche Fortschritte er in der Verehrung Gottes gemacht hat und wie sehr der Himmel seinerseits ihn in Gnaden angenommen hat. Denn offensichtlich wurde er von Gott geliebt: Als Bernward sein Werk begann, würdigte ihn Gott, indem er ihn durch zusätzliche Prüfungen im Glauben festigte.

53. Bernward wird Benediktinermönch

Mit solchen Werken frommer Hingabe an Gott verbrachte er sein ganzes Leben; er konnte vor Gott bestehen und wurde von den Menschen gepriesen. Im 31. Jahr seiner Weihe[142], als er schon den lang ersehnten Tag seines Übergangs in die andere Welt nahen sah, ließ er die Kapelle, die

---

[141] Nämlich mit den Fürsten der Heiden, die Judäa erobern wollten; vgl. Psalm 82,13.
[142] Im 30. Jahr, nämlich 1022.

zwischen der Kirche des hl. Kreuzes und seinem Kloster zur Ehre des hl. Martin, des Christusbekenners, errichtet war, vom verehrungswürdigen Eggehard, Bischof von Schleswig, einweihen. Dort legte er noch an demselben Tag sein bisheriges Gewand ab zur Vermehrung seiner Frömmigkeit und nahm das Joch des Mönchsgelübdes auf sich.

54. Bernwards Tod

Als ihn dann der letzte Schwächeanfall befiel und er spürte, daß seine Sterbestunde gekommen war, ließ er sich in diese Kapelle tragen. Es sei richtig, so sagte er, dort sein Lebensende zu erwarten, wo er sich mit dem Gewand der Weltentsagung habe schmücken dürfen. So ging also der gesegnete Mann, durch lange körperliche Leiden geschwächt und aufgerieben, den Weg alles Irdischen. Er hat einen guten Kampf gekämpft, seinen Lauf vollendet, den Glauben bewahrt[143]. Daher ist er, wie wir glauben, Gefährte der himmlischen Wesen unter der Führung des Erzengels Michael und im Besitz der seligen Unsterblichkeit.

Solange er lebte, stellte er sich ganz in den Dienst der Gerechtigkeit für den Herrn; und so ruht er nun in himmlischem Frieden; vieles hatte auf seine Verherrlichung hingewiesen. Er starb am 20. November[144]. 30 Jahre lang war er Bischof. Sein Tod machte uns vaterlos, unsere Mutter aber, die heilige Hildesheimer Kirche, machte er gleichsam zur Witwe[145]. Bald nämlich klagte die ganze Stadt, tief erschüttert über den Tod ihres Vaters. Die Geistlichen und das Volk liefen zusammen und trauerten aus ganzem Herzen.

---

143 Vgl. 2. Brief an Timotheus 4,7.
144 1022.
145 Alles Folgende nicht im Dresdner Kodex.

Krypta mit dem Grab des hl. Bernward

Überall erhob sich Trauer und Wehklagen, hörte man alle Berufsstände untröstlich jammern. Der Liebe, mit der alle ihn zu Lebzeiten ins Herz geschlossen hatten, folgte nun die Trauer aller über den Verstorbenen – und dies geschah nicht zu Unrecht. Hier klagte die Schar der Armen, hier die der Witwen und Waisen laut weinend, sie hätten ihren Vater verloren. Der Beschützer des Vaterlandes, der Freund des Friedens und der eifrigste Betreuer des ganzen Staates sei ihnen geraubt worden: so klagten in gemeinsamem Schmerz der Vornehme wie der Mann aus dem Volk.

Auf wirklich wundersame Art war dieser Mann allen alles geworden: zwischen Armen und Reichen, zwischen den Großen und den kleinen Leuten verkehrte er mit einer gewissen Bescheidenheit, die von Autorität zeugte. Und indem er für beide Seiten gerecht sorgte, hielten ihn die Sanftmütigen nicht für einen Starrkopf und die Frechen auch nicht für einen Schwächling. So waren, wie gesagt, Trauer und Schmerz um den Toten ebenso weit verbreitet wie einst die Liebe und Verehrung, die man dem Lebenden entgegengebracht hatte. Aber laßt uns nicht unvernünftig trauern wie die, die keine Hoffnung haben! Als Schmerz empfinden wir den Verlust eines Trösters hier auf der Erde – über den Gewinn eines Helfers im Himmel wollen wir uns freuen! Für den Körper laßt uns so die Trauerpflichten erfüllen – dem Geist, der nun glücklich mit Gott regiert, laßt uns gratulieren!

55. Bernwards Grabstätte

Bernward hatte außerdem zu Lebzeiten für sein Begräbnis eine Änderung der Bestattungsordnung verfügt: die Bahre, die seinen Leichnam zur Bestattung tragen würde, sollte nicht, wie üblich bei hochgestellten Persönlichkeiten, mit einem kostbaren Tuch bedeckt werden, sondern mit einer ganz gewöhnlichen Decke. Das wollte ich hier erwähnen, um allen Lesern zu zeigen, wie sehr dieser Mann sich selbst vor Gott erniedrigte, obwohl Gott ihn durch weltliche Ehren erhöht hatte. Seine Bescheidenheit hat ein so gewöhnliches Begräbnis für den toten Leib vorherbestimmt.

Die Begräbnisfeierlichkeiten wurden also gemäß dem kirchlichen Brauch ordnungsgemäß vollzogen. Dann legte man den Leichnam des gottgeliebten Bischofs in der Krypta des Klosters nieder, das er selbst gegründet hatte, und zwar vor dem Altar der heiligen Maria und unter der tiefsten Anteilnahme der Gläubigen. Seine Grabstätte aber hatte er sich selbst in heiliger Gottesverehrung vorher ausgestaltet; folgende Grabinschrift[146], die von seiner gewohnten Bescheidenheit vor Gott zeugt, hatte er anbringen lassen:

Ich, eines Menschen Rest, war Bernward; jetzt hält mich verschlossen
  Grausam der Sarkophag, Asche ist es und Staub!
Welch Schmerz, daß ich mein hohes Amt nicht gut geleitet!
  Sanfter Friede sei mir, ihr aber singet mir Amen!

56. Lob der Vorzüge Bernwards

Was ist wohltuender als diese Sanftmut des seligen Mannes? Was ist mehr zu loben als seine Selbstverleugnung? Denn je verächtlicher er sich unter den Scheffel der Bescheidenheit vor Gott stellte, desto heller erstrahlte er auf dem Leuchter der Kirche. Und in dem Maße, in dem er nach seinem eigenen Urteil Priesterehren nicht verdient, wird sein Leben

[146] Die Grabplatte mit der Inschrift wurde nach der feierlichen Erhebung der Gebeine Bernwards (16. August 1194) durch eine Platte verdeckt, bei der Restaurierung der Bischofskrypta unter dem Westchor der Michaeliskirche im Jahr 1864 aber erneut freigelegt.

zum lobenswerten Zeugnis dafür, daß er diese in jeder Hinsicht verdiente. Wer also mit frommem Sinn seinen Lebenswandel und die heiligen Grundsätze, die er von Kind an verfolgte, betrachtet, dem wird sonnenklar: große Verdienste hat er sich erworben, auch wenn er sich selbst völlig anders einschätzte.

„Denn die Täler haben Getreide im Überfluß"[147], sagt der Psalmist, das heißt: die einen bescheidenen Sinn haben, erhalten überreichlich die Geschenke der göttlichen Freigebigkeit. Dieser fromme Vater stand vor Gott und der Kirche würdig da; außer den anderen guten Eigenschaften, die ihn zierten, übte er sich besonders in der Bescheidenheit vor Gott. Was er für diese Bescheidenheit des Herzens an Trost, Glaube und Hoffnung empfangen hat, das bezeugt er in der Aufschrift folgenden Inhalts im Inneren seines Grabes:

„Ich weiß, daß mein Erlöser lebt, daß ich am jüngsten Tage von der Erde auferstehen werde. Dann wird meine Haut mich wieder umhüllen, und ich werde in meinem Fleische Gott, meinen Erlöser, schauen; ja ich selbst werde ihn schauen, meine Augen werden ihn schauen, kein anderer. Diese Hoffnung ruht in meiner Brust."[148]

Ohne Zweifel hat er diese Worte in demselben Geiste gesagt, in dem sie bekanntlich zum ersten Male gesprochen wurden. Noch deutlicher hätte er es mit anderen Worten sagen können: „Ich habe einen guten Kampf gekämpft, den Lauf vollendet, die Treue gehalten. Schon jetzt liegt für mich die Krone der Gerechtigkeit bereit."[149]

---

[147] Vgl. Psalm 64,14.
[148] Ijob 19,25–27.
[149] 2. Brief an Timotheus 4,7–8 a.

57. Eine verlorene Grabinschrift

Man sieht zur Rechten des Grabes über den Säulen folgende Inschrift:

„Dieses Grabes Gewölbe umschließt die Gebeine des Bischofs
 Bernward; wunderbar war er und von hochedler Art.
Wie eine Perle strahlt er unter den Vätern der Heimat.
 Angenehm war er dem Herrn, sehr beliebt bei dem Volk.
Denn er war seiner Kirche stets ein würdiger Hirte.
 Ihn liebe Emanuel und auch du, Michael!
Vor den Kalenden zwölf Tage[150], im elften Monate tauscht' er
 Glücklich das Leben hier gegen das himmlische ein."

[150] Kalenden sind im altrömischen Kalender der 1. Tag eines jeden Monats. Hier ist der 1. Dezember gemeint. Der 12. Tag vor dem 1. Dezember ist, da der 1. Dezember mitgezählt wird, der 20. November.

Die Deutsche Bibliothek – CIP-Einheitsaufnahme

Thangmarus <Hildesheimensis>:
Vita Bernwardi: das Leben des Bischofs Bernward von Hildesheim / [Thangmar]. - Hildesheim: Bernward, 1993
Einheitssacht.: Vita Bernwardi <dt.>
ISBN 3-87065-775-8
NE: HST

Lateinische Textgrundlage ist der von G. H. Pertz (MGH, SS, IV, 1841, S. 757ff.) edierte Kodex Hannover

Bildverzeichnis

Seite 2 Dom- und Diözesanmuseum Hildesheim
Seite 10 Bayer. Nationalmuseum, München
Seite 16 Service Photographique de la Réunion des Musées nationaux, Paris
Seite 22 Werbefotografie Hermann Wehmeyer, Hildesheim
Seite 26 Ewald Breloer, Hildesheim
Seite 30 Ewald Breloer, Hildesheim
Seite 60 Bayer. Staatsbibliothek, München
Seite 76 Staatsbibliothek Bamberg, aus: Seeoner Handschrift Msc. Lit 53
Seite 86 Lutz Engelhardt, Hildesheim
Seite 88 Dom- und Diözesanmuseum, Hildesheim
Seite 98 Werbefotografie Hermann Wehmeyer, Hildesheim

Satz: O&S Satzteam, Hildesheim
Umschlaggestaltung: Paul König, Hildesheim
Herstellung: Druckhaus Benatzky, Hannover
ISBN 3-87065-775-8